Das Erbe Hegels

Zwei Reden aus Anlaß der Verleihung des Hegel-Preises 1979 der Stadt Stuttgart an Hans-Georg Gadamer am 13. Juni 1979

Jürgen Habermas
Urbanisierung der Heideggerschen Provinz

Laudatio auf Hans-Georg Gadamer

Hans-Georg Gadamer
Das Erbe Hegels

Suhrkamp

Erstausgabe

suhrkamp taschenbuch 596
Erste Auflage 1979

Suhrkamp Taschenbuch Verlag

Satz: LibroSatz, Kriftel
Druck: Nomos Verlagsgesellschaft, Baden-Baden
Printed in Germany
Umschlag nach Entwürfen von
Willy Fleckhaus und Rolf Staudt.

VERLEIHUNGSURKUNDE

Auf Beschluß ihres Gemeinderats
verleiht die Landeshauptstadt Stuttgart den

HEGEL-PREIS

des Jahres 1979
Herrn Prof. Dr. phil., Dr. phil. mult. h. c.

HANS-GEORG GADAMER

dem Philosophen,
dessen Hermeneutik für die Verständigung über Sprache,
Geschichte und Kunst neue Horizonte erschloß;
dem denkenden Interpreten
der philosophischen Traditionen Griechenlands
und der Werke der Dichter;
dem Gründer der Internationalen Hegel-Vereinigung;
dem wirkungskräftigen Lehrer zur Freiheit des Gedankens.

OBERBÜRGERMEISTER

STUTTGART, DEN 13. JUNI 1979

Inhalt

Jürgen Habermas

Urbanisierung der Heideggerschen Provinz

Laudatio auf Hans-Georg Gadamer

1. Pfingsten 1940 hat Gadamer in Weimar eine Hegeltagung mit einem Vortrag über ›Hegel und die antike Dialektik‹ eröffnet. Die Reaktion, die der Außenseiter im Kreise der Hegelforscher damals ausgelöst hat, muß, wenn man der immer noch halb erschrockenen Reminiszenz des 77jährigen glauben darf, nicht allzu freundlich gewesen sein: »Nun zählte ich nicht zu den Hegelianern. Aber schließlich war es nicht verboten, trotzdem etwas von Hegel zu verstehen, oder doch? ... Ich erholte mich von dieser seelischen Strapaze durch einen Besuch bei den Gräbern unserer großen Dichter auf dem Weimarer Friedhof«[1]. Inzwischen ist Gadamer immer noch kein Hegelianer; aber *er* ist es, der in den 60er Jahren die Deutsche Hegel-Vereinigung ins Leben gerufen hat; *er* hat wichtige internationale Tagungen angeregt, auf denen Hegelspezialisten ihre Arbeiten diskutierten; und auf *seine* Initiative ging der Stuttgarter Hegelkongreß im Jubiläumsjahr 1970 zurück. Jener Vortrag, der bei seiner Premiere, wohl weil er Hegel zu nahe an Plato herangerückt hatte, auf Ableh-

nung gestoßen war, eröffnet übrigens heute ein Buch, das Gadamers Hegelstudien zusammenfaßt[2]; das Buch schließt mit einer Abhandlung über »Hegel und Heidegger«. Und dies sind nun in der Tat die beiden Gestirne, die Gadamers Denkweg erleuchtet haben.

Als sich die Stadt Stuttgart entschloß, einen Hegel-Preis zu stiften, hat Gadamer, dessen Initiative auch hier unverkennbar war, seinen Einfluß geltend gemacht, um zu erreichen, daß Heidegger als erster den Preis erhielte. Der erste Preisträger hieß dann Bruno Snell. Diese Vorgeschichte wird das Kuratorium bedacht haben, als es dieses Mal den Preis, im Wechselspiel mit bedeutenden Geisteswissenschaftlern, wieder an einen Philosophen verliehen hat, und zwar an diesen Philosophen, der sich selbst mit der Bemerkung zu charakterisieren pflegt, er sei Heideggerschüler und habe das Handwerk der klassischen Philologie erlernt. Keiner könnte heute überzeugender als er den größer gewordenen Abstand zwischen Philosophie und Geisteswissenschaften überbrücken.

Das Brückenschlagen kennzeichnet Mentalität und Denkstil dieses Gelehrten überhaupt: »Distinguendum, gewiß, aber mehr noch: man muß zusammensehen«[3]. Diese Maxime stammt aus Gadamers Mund, aber, noch Gadamerscher formuliert, müßte sie heißen: man muß überbrücken. Nicht nur den Abstand zwischen Disziplinen, die sich voneinander entfernt haben, sondern vor allem den Zeitenabstand, der die Nachgeborenen von überlieferten Texten trennt, den Abstand zwischen verschiedenen Sprachen, der die Kunst des Interpreten herausfordert, und jenen Abstand, den die Gewaltsamkeit radikalen Denkens erzeugt. Nun war Heidegger ein solcher radikaler Denker, der um sich herum eine Kluft aufgerissen hat. Gadamers große philosophische Leistung sehe ich darin, daß er diese Kluft überbrückt. Das Bild der Brücke legt freilich falsche Konnotationen nahe, erweckt den Eindruck, als gebe hier jemand pädagogische Hilfestellung beim Versuch, sich einem unzugänglichen Ort zu nähern. So meine ich es nicht. Ich würde daher lieber sagen: Gadamer urbanisiert die Heideggersche Provinz. Freilich müßte man dabei im Sinne behalten, daß wir mit ›Provinz‹, zumal im Deutschen, nicht nur das Einschränkende assoziieren, sondern auch das Dickschädelig-Eigensinnige und Ursprüngliche.

Gadamer selbst sieht das gewiß ganz anders. Er meinte einmal, Heidegger bedürfe eines Karl Marx, der sich seinerzeit, selbst ein Gegner Hegels, dagegen verwahrt hat, daß man Hegel wie einen toten Hund behandele. Wenn ich die späten 70er Jahre richtig deute, hat Heidegger *seinen* Marx nicht nötig: schon brechen die subkulturellen Wanderer auf ins Geviert und ins Verstiegene. Umso nötiger ist einer, der Wege bahnt, über die Heidegger aus einer selbstgewählten Isolierung zurückkehren kann. Das kann nur einer sein, der Heidegger zwar mit Distanz, aber weit genug folgt, um seine Gedanken produktiv, und auf festem Boden, fortzusetzen. Von dieser Art ist, meine ich, Gadamers Produktivität.

2. Gadamers Verhältnis zu Heidegger ist durch die Distanz geprägt, die schon die

äußeren Umstände mit sich brachten: den nur elf Jahre älteren lernte Gadamer erst kennen, nachdem er in der Welt des Marburger Neukantianismus Fuß gefaßt und bereits promoviert hatte, ein Schüler Natorps, befreundet mit Nicolai Hartmann, dem älteren Kollegen. In seiner Autobiographie, mit dem zweideutigen Titel »Lehrjahre«, hat Gadamer die Welt geschildert, in die Heidegger damals einbrach: er schildert den Kreis um den Kunsthistoriker Richard Hamann, Stefan Georges Ausstrahlung auf die jungen Gemüter, die Spaziergänge mit E. R. Curtius, die Diskussionsschlachten der Evangelischen Theologen, und dann die privaten Kreise, die sich regelmäßig zur Lektüre zusammenfanden, den Kreis um Rudolf Bultmann, wo man griechische Klassiker las, jeden Donnerstagabend, oder jenen, wo Gerhard Krüger aus großen Werken der Weltliteratur vorlas, und dies über mehr als fünfzehn Jahre, wie durch eine Glaswand getrennt von dem politischen Geschehen der Weimarer Republik. In diese Welt also muß Heidegger wie ein Blitz eingeschlagen sein. Der alte Gadamer erinnert sich: »Man kann sich Heideggers Auftreten in Marburg gar nicht dramatisch genug vorstellen.«

Wenn man sich aus biographischer Perspektive fragt, worin denn dessen Bedeutung für Gadamer bestanden haben mag, so kann man vielleicht von der Beobachtung ausgehen, daß Gadamer sich selbst durch eine Folge von Abgrenzungen charakterisiert. Gadamer stammt aus Schlesien, einer preußischen Provinz, und man hat ihm als Jungen eine Offizierslaufbahn vorausgesagt – aber Gadamer ist nichts weniger als Preuße, und ganz sicher ein Zivilist. Gadamer stammt aus einem naturwissenschaftlich geprägten Akademikerhaus, der Vater war ein selbstbewußter Chemiker – aber schon im ersten Semester hat Gadamer sich von schöngeistigen Interessen ins Feld der Geisteswissenschaften ziehen lassen. Dann also Marburg, damals Ort einer Philosophie mit Weltgeltung und reges Zentrum der Geisteswissenschaften und der Theologie – auch gegen diese Welt der Schulphilosophie und eines selbstgewissen Humanismus grenzt sich Gadamer noch einmal ab, und dies offenbar dank des Anstoßes, den er von Heidegger empfängt. Bis dahin hatte er die abendländische Tradition mit den Augen des historistischen 19. Jahrhunderts gesehen; dann kam Heidegger und hat diese Tradition, im jähen Rückgriff auf deren Anfänge, auf eine radikalere Weise vergegenwärtigt. Gadamer beschwört diese Tradition, aber fortan will er über »die bürgerliche Bildungsreligion, in der sie nachlebte« hinauskommen[4].

Dies ist wohl der Grundantrieb, der hinter dem in Jahrzehnten gereiften philosophischen Hauptwerk steht, der Antrieb, sich und anderen klarzumachen, was die Begegnung mit eminenten Texten bedeutet, was es mit der Verbindlichkeit des Klassischen auf sich hat, wobei Gadamer weiß, daß er nicht länger auf einen Kanon zurückgreifen kann, sondern hinter jeden Kanon zurückgehen muß, um die wirkungsgeschichtlichen Bedingungen zu klären, unter denen überhaupt einem Werk klassische Bedeutung zuwachsen kann: »Es gehört zur elementaren Erfahrung des Philosophierens, daß die Klassiker des philosophischen Gedankens . . . von sich aus einen Wahrheitsanspruch geltend machen, den das zeitgenössische Bewußtsein weder abweisen noch überbieten kann. Das naive Selbstgefühl der Gegenwart mag sich dagegen aufbäumen . . . Sicher ist es aber eine noch viel größere Schwäche des philosophischen Gedankens, wenn einer sich einer solchen Erprobung seiner selbst nicht stellt und es vorzieht, den Narren auf eigene Faust zu spielen. Daß im Verstehen der Texte jener großen Denker Wahrheit erkannt wird, *die auf anderem Wege nicht erreichbar wäre,* muß man sich eingestehen, auch wenn dies dem Maßstab von Forschung und Fortschritt widerspricht.«

3. Dieser Satz stammt aus der Einleitung zu »Wahrheit und Methode«, dem Buch, mit dem sich der sechzigjährige Gadamer verhältnismäßig spät, nach langen Jahren einflußreicher Lehrtätigkeit in Leipzig, in Frankfurt und vor allem auf dem Lehrstuhl

von Jaspers in Heidelberg, literarisch zur Geltung bringt und internationale Anerkennung erwirbt. Übrigens kann man dem diskursiven Stil dieses Textes den mündlichen Kontext der Lehre, aus dem das Geschriebene stammt, noch anmerken. Die philosophische Hermeneutik, die Gadamer entwirft, ist nicht als Methodenlehre gemeint, sondern als der Versuch, nach Hegel, also nach dem zweideutigen Ende der Metaphysik, den Wahrheitsanspruch der Philosophie zu erneuern. Die philosophische Hermeneutik stellt sich damit die kühne Aufgabe, die Kontinuität dieses Wahrheitsanspruches über einen dreifachen Traditionsbruch hinweg wiederherzustellen, jene drei Abgründe zu überbrücken, die sich zwischen uns und der Philosophie der Griechen aufgetan haben: ich meine den Bruch, den im 19. Jahrhundert der Historismus, im 17. Jahrhundert die Physik und zu Beginn der Neuzeit der Übergang zum modernen Weltverständnis herbeigeführt haben.

Den ersten Brückenschlag führt Gadamer in Form einer Kritik an Diltheys Theorie der

Geisteswissenschaften durch. Er überbrückt den vermeintlichen Gegensatz zwischen bloß historischer Vergegenwärtigung und systematischer Erkenntnis. Der Stoß richtet sich gegen ein historisches Bewußtsein, das die Traditionen, indem es sie aneignet, ins Museum sperrt und ihrer Überzeugungskraft beraubt. Gegenüber diesem Objektivismus vertritt Gadamer die These, »daß das wirkungsgeschichtliche Moment in allem Verstehen von Überlieferung wirksam bleibt, auch wo die Methodik der modernen historischen Wissenschaften Platz gegriffen hat und das ... geschichtlich Überlieferte zum Objekt macht«[5].

Den zweiten Brückenschlag führt Gadamer in Form einer Rekonstruktion der humanistischen, an Urteilskraft appellierenden Denktradition durch. Er überbrückt den vermeintlichen Gegensatz zwischen methodisch strenger Wissenschaft und praktischer Vernunft. Der Stoß richtet sich hier gegen einen Begriff von objektiver Erkenntnis und Methode, der den modernen Erfahrungswissenschaften ein Monopol auf die menschlichen Erkenntnismöglichkeiten reservieren soll. Demgegenüber will Gadamer die Legitimität eines Verstehens zur Geltung bringen, das dem objektivierenden Denken vorausliegt und die Erfahrungsweisen der kommunikativen Alltagspraxis mit der Erfahrung der Kunst, der Philosophie, der Geisteswissenschaften und der Historie verbindet.

Schließlich verspricht Gadamer die Rehabilitierung des sachlichen Gehalts der Philosophie Platos und Hegels. Damit will er den, wie er meint, falschen Gegensatz zwischen metaphysischem und modernem Weltverständnis überbrücken. Die Alternativen, die die Lager in der berühmten querelle des anciens et des modernes getrennt haben, sollen als Scheinalternativen enthüllt werden. Dabei bedient sich Gadamer eines Schachzuges, der auf ironische Weise an Wittgensteins Überwindung philosophischer Scheinprobleme erinnert: Wenn wir das Faktum unserer Abhängigkeit von geschichtlichen Überlieferungen nur streng genug analysieren, stoßen wir auf den

Grund für unser beinahe naturwüchsiges Interesse an diesen Überlieferungen: die Tradition hat uns etwas zu sagen, was wir aus Eigenem nicht erkennen können. Das Argument steckt in der folgenden Frage: »Ist das Gespräch mit dem Ganzen unserer philosophischen Überlieferung, in dem wir stehen und das wir als Philosophierende sind, grundlos? Bedarf es (noch) einer Begründung dessen, was uns immer schon trägt?«[6] Wie sich Wittgenstein auf die Tatsache des Funktionierens unserer Alltagssprache beruft, so Gadamer auf die Erfahrung, daß wir den sachlichen Gehalt eminenter Texte nicht erschöpfen können. Auf der Autorität dieser Erfahrung beharrt Gadamer wie ein Positivist auf der der Sinneswahrnehmung.

4. Diese Auffassung kontrastiert auf das Merkwürdigste mit Heideggers herrischer Destruktion des abendländischen Denkens, mit jenem Entwurf, der die Philosophiegeschichte von Plato über Thomas bis Descartes und Hegel als ein Drama zunehmender Seinsvergessenheit entwertet. Läßt sich ein

stärkerer Kontrast vorstellen, als der zwischen dieser seinsmystischen Abkehr von allen artikulierten Gestalten der Tradition und Gadamers Versuch, den Humanismus von Plato bis zur Renaissance, von Vico über die schottische Moralphilosophie bis zu den Geisteswissenschaften des 19. Jahrhunderts in Grundbegriffen wie ›Bildung‹, ›Gemeinsinn‹, ›Urteilskraft‹, ›Geschmack‹ usw. zu erneuern? Einen Humanismus, der dem Erfahrungszusammenhang von Stadtbürgern entsprungen ist und dessen Bedrohung stets mit dem Zerfall von Urbanität zu tun hatte.

Gadamer ist Heidegger weiter gefolgt als die meisten; er hat die ›Kehre‹ mitvollzogen, mit der Heidegger das transzendentale Selbstverständnis von »Sein und Zeit« revidiert hat. Hier nun ist der kurze Bericht über einen Disput aufschlußreich, den Gadamer mit Löwith hatte, als sie während der 50er Jahre ein gemeinsames Seminar über Heideggers Schrift »Vom Wesen der Wahrheit« abhielten. Löwith »hatte den jungen Heidegger für sich entdeckt und selbstverständlich auch den Rang von ›Sein und Zeit‹ nicht verkannt. Aber die ›Kehre‹ und die Rede vom Sein, das nicht das Sein des Seienden sein soll – das hielt er für Mythologie oder Pseudopoesie. Aber« – so verteidigt nun Gadamer den Lehrer – »es ist nicht Mythologie und nicht Poesie, sondern *Denken,* auch wenn die poetisierende Gleichnisrede oder gar der dichterische Versuch von der Sprachnot des neuen Denkens ein oft verwirrendes Zeugnis ablegen. Ich habe versucht, mir *auf meine Weise* durch Heideggers Denken *gleichwohl* weiterhelfen zu lassen«[7]. Wenn ich recht sehe, kann Gadamer das Andenken, das die Sprachlosigkeit des Mystikers auszeichnet, nur darum so emphatisch als Denken verteidigen, weil er sich das Sein als Tradition zurechtlegt, weil er sich dem gestaltlosen Sog des schwerelosen Seins nicht überläßt, sondern, den Blick zu Hegel zurückwendend, dem massiven Traditionsstrom der objektiv gewordenen, der konkreten, an ihrem Ort und zu ihrer Zeit tatsächlich gesprochenen Worte Rechnung trägt. Ob hier ein produktives Mißverständnis vorliegt, ist vielleicht nicht so wichtig; wie könnte eine Tradition lebendig bleiben, wenn sie sich nicht über Mißverständnisse fortpflanzte?

Immerhin hat den Autor von »Wahrheit und Methode«, wie das Nachwort zur dritten Auflage zeigt, ein Umstand nachdenklich gestimmt. Gadamer hat immer wieder darauf hingewiesen, daß die philosophische Hermeneutik nicht zur Wissenschaftstheorie verkürzt werden dürfte, daß das Phänomen des Verstehens die Weltbezüge einer kommunikativ verfaßten Lebensform *vor* aller Wissenschaft charakterisiert. Tatsächlich hat aber die Wirkungsgeschichte seines Buches tiefe Spuren in der Theorie der Wissenschaften und in den Sozial- und Geisteswissenschaften selbst hinterlassen. Die an dieses Buch anschließende Diskussion hat nicht so sehr die Wissenschaften am Erfahrungsbereich von Philosophie und Kunst relativiert als vielmehr die hermeneutische Dimension *innerhalb* der Wissenschaften, vor allem innerhalb der Sozial- und der Naturwissenschaften freigelegt. Die philosophische Hermeneutik hat in den letzten Jahren, gefördert durch die englische Übersetzung von »Wahrheit und Methode«, gefördert auch durch des Autors vielfältige Gastaufenthalte an amerikanischen Universitäten, nachhaltig auf die angelsächsische Diskussion eingewirkt. Ihr Einfluß ist nicht auf die Divinity Schools beschränkt geblieben. Sie hat sich mit Impulsen verbunden, die durch die Protestbewegung freigesetzt worden sind. Man hat Gemeinsamkeiten gesehen, mit der Sprachanalyse des späten Wittgenstein, mit Thomas Kuhns postempiristischer Wissenschaftstheorie, sie ist mit phänomenologischen, mit interaktionistischen und ethnomethodologischen Ansätzen der verstehenden Soziologie verschmolzen worden. Diese Wirkung kehrt keineswegs den polemischen Sinn hervor, der in dem Titel »Wahrheit und Methode« angelegt ist; sie zeigt im Gegenteil, daß die Hermeneutik gerade zur Selbstaufklärung des methodischen Denkens beigetragen hat, zur Liberalisierung des Wissenschaftsverständnisses und sogar zur Differenzierung der Forschungspraxis.

5. Zugegeben ist gewiß, daß die Hermeneutik weder ihre Absichten noch ihre Wirkungen in diesem Horizont eines gewandelten Selbstverständnisses moderner Wissenschaften erschöpft. Wie die Phänomenologie und die Sprachanalyse rückt sie alltägliche Lebensverhältnisse in den Vordergrund und fördert die Aufklärung über tiefliegende Strukturen der Lebenswelt. In der Tradition der Humboldtschen Sprachphilosophie, und in gewisser Weise parallel zu dem durch Hegel belehrten Pragmatismus eines Peirce, eines Royce, eines George Herbert Mead, hebt die Gadamersche Hermeneutik die sprachliche Intersubjektivität hervor, die die kommunikativ vergesellschafteten Individuen vorgängig verbindet. Sie verfolgt mit Hartnäckigkeit die Frage nach der Form und dem Inhalt »der Solidarität, die alle Sprecher einer Sprache eint«[8].

Diese Frage gewinnt hohe Aktualität gerade in unseren Tagen, da sich einem sensibilisierten Alltagsbewußtsein die Gefährdungen historischer Lebensformen aufdrängen, Gefahren einer Kolonialisierung der

Lebenswelt durch die Imperative eines ungesteuerten ökonomischen Wachstums, durch bürokratische Eingriffe, durch die externen Kosten der verrechtlichten, förmlich organisierten Bereiche unserer Gesellschaft. Gadamer scheut sich nicht, Heideggers Kritik an dem »sich selber kreuzigenden Subjektivismus der Neuzeit« auf die gesellschaftliche Realität auszudehnen. Er beobachtet die Verselbständigung von gesellschaftlichen Subsystemen, »deren Eigenart die Selbstregulierung ist und die damit stärker . . . an das in Regelkreisen organisierte Leben denken lassen«, um warnend hinzuzufügen: »Es wäre jedoch ein Irrtum, den Herrschaftswillen zu verkennen, der sich in diesen neuen Methoden der Beherrschung von Natur und Gesellschaft seinen Ausdruck geschaffen hat«[9]. Hier berührt sich die Technikkritik Heideggerscher Provenienz mit einer aus anderen Quellen gespeisten Kritik der instrumentellen Vernunft. Beide kommen darin überein, daß der Gewalt und Ausschließlichkeit des objektivierenden Denkens die philosophische Auszeichnung der Subjektivität entspricht. Und beide verstehen unter Subjektivität ein steif gewordenes Selbstbewußtsein, eine verhärtete Autonomie, die für Zwecke der Selbstbehauptung instrumentalisiert worden ist. Hier stellt sich Gadamer in eine sehr deutsche Tradition. Er folgt einer Selbstauslegung der Moderne, gegen die von anderer Seite im Namen der Legitimität der Neuzeit Bedenken vorgetragen worden sind.

Wenn ich Gadamers philosophische Wirkung im politischen Kontext der deutschen Nachkriegsgeschichte lokalisieren sollte, so würde ich als bedeutendstes Element, als reinigendes Element hervorheben: die großartige Vergegenwärtigung der humanistischen, auf die Bildung des freien Geistes gerichteten Tradition, die sich als geheime Konkurrenz und als Ergänzung zur prägenden Kraft moderner Wissenschaft durch die Neuzeit hindurchzieht. Aber Gadamer selbst weist darauf hin, daß in Deutschland, das aus eigener Kraft keine Revolutionen zuwege gebracht hat, der ästhetische Humanismus stets stärker ausgeprägt war als der politische. Wenn man im Blick hält, daß in den Nationen Westeuropas mehr politisches Bewußtsein in die Humaniora eingegangen ist[10], legt sich in *unserem* Kontext die Frage nahe, worin die größere Gefahr liegt: darin, die Tradition der Griechen zu einer *Vor*gestalt der Moderne herabzuwürdigen, oder darin, die Würde der Moderne selbst zu verkennen. Am Ende würde Gadamer diese Alternative zurückweisen zugunsten der Würde der Tradition, gewiß nicht von Tradition überhaupt, sondern der Traditionen, deren Macht in ihrer Vernünftigkeit begründet ist. »In Wahrheit beruht Tradition, die nicht die Verteidigung des Herkömmlichen, sondern die *Fortgestaltung des sittlich-sozialen Lebens* überhaupt ist, stets auf Bewußtmachung, die in Freiheit übernimmt«[11]. Allerdings, in Freiheit übernehmen wir Traditionen nur dann, wenn wir beides, Ja und Nein sagen können. Ich meine, daß man gerade die Aufklärung, das universalistische 18. Jahrhundert nicht aus der humanistischen Tradition ausblenden darf. Mit diesem Zusatz will ich aber nicht das letzte Wort behalten. Gadamer ist der erste, der die Offenheit des Gesprächs betont. Von ihm können wir alle die hermeneutische Grundweisheit lernen, daß es eine Illusion ist, zu meinen, man *könne* das letzte Wort behalten.

Hans-Georg Gadamer

Das Erbe Hegels

Niemand sollte für sich in Anspruch nehmen, ausmessen zu wollen, was alles in der großen Erbschaft des Hegelschen Denkens auf uns gekommen ist. Es muß einem jeden genügen, selber Erbe zu sein und sich Rechenschaft zu geben, was er aus dieser Erbschaft angenommen hat. Am allerwenigsten kann sich aber niemand unterfangen, diese große Erbschaft würdigen zu wollen, dessen eigener Beitrag zum philosophischen Gedanken schon Jahrzehnte zurückliegt und dem jüngere Generationen, die ihrerseits dieses Erbe angetreten haben, eben dadurch die Grenzen seiner Zuständigkeit bestätigen, daß sie seine Verdienste würdigen. Obendrein kann sich niemand einbilden, die Ernte der ganzen Zeit einbringen, ja auch nur, sie abschätzen zu können. Auch Hegel tat das nicht, dem übereifrige Epigonen anlasten wollen, daß der Gedanke, den er gedacht hat und den er das ›absolute Wissen‹ nennt, das wirkliche Ende der Geschichte einschlösse. Hegel wußte es besser, wenn er – am Ende doch wohl auch im Hinblick auf sich selbst – zitiert: »Siehe, die Füße derer, die dich hinaustragen werden, stehen schon vor der Tür«[1].

So lassen Sie mich lieber, statt einen anspruchsvollen Forschungsbeitrag oder einen alles umfassenden Forschungsbericht zu geben, schlicht erzählen, wie ich meine, daß sich das Erbe Hegels in meinen eigenen Denkversuchen umgesetzt hat.

Die philosophische Wendung, die ich – im Anschluß an die Denkanstöße Heideggers – der romantischen Hermeneutik und ihrer Fortentwicklung durch die historische Schule, durch Ranke, Droysen, Dilthey und dessen Schüler zu geben versucht habe, ist nicht trennbar von der allumfassenden Synthese Hegels[2]. Hier war zum ersten Male der Logosbegriff, den die Griechen zum Begreifen des Weltganzen entwickelt hatten, auf die geschichtliche Welt ausgedehnt worden, ohne suprarationale Daten einer Heilsgeschichte dafür in Anspruch zu nehmen. Die Vernunft in der Geschichte zu erkennen, war Hegels kühner Anspruch, der am Ende ebensoviel Widerspruch auf sich zog wie der von vornherein antiquierte und zum Scheitern verurteilte Versuch, die moderne Naturforschung, ihrer essentiellen Vorläufigkeit und beständigen Selbst-Überholung zum Trotz, unter einen Begriff von Wissenschaft zu beugen, der ein Ganzes von Wahrheit (doctrina) wäre, d. h. absolute, rationale Wahrheit für sich behauptete. Auf dem Gebiet des geschichtlichen Geistes konnte die Dialektik des ›absoluten Wissens‹ am Ende ebensowenig dem Widerspruch der historischen Forschung entgehen. Es konnte nicht ausbleiben, daß es ihr ähnlich erging, wie es der idealistischen Naturphilosophie durch den Siegeslauf der Naturforschung ergangen war. Die ›offene‹ Dialektik des Platonikers Schleiermacher mußte sich als Grundlage einer Methodenlehre der geschichtlichen Wissenschaften weit besser empfehlen als Hegels Konstruktion der Weltgeschichte, und so hat der Schleiermacherbiograph Dilthey und die Methodologie der historischen Schule, deren philosophischer Interpret Dilthey hieß, unter dem Stichwort Hermeneutik die erkenntnistheoretische Begründung der Geisteswissenschaften unternommen. Erst recht aber fand innerhalb der Philosophie die begriffliche Leistung Hegels, die spekulative Methode der Dialektik, Widerspruch[3]. Ist sie doch von der Art, daß einem vor ihr buchstäblich der Verstand stille steht, voll Staunen und voll von Protest. Das setzte sich vollends in dem immer mehr Ausbreitung findenden Neukantianismus durch, dessen ›Zurück zu Kant‹ nicht zuletzt die spekulative Hybris des absoluten Idealismus meinte und seinerseits von der Kantischen Basis aus, im Anschluß an Lotze, die kritische Begründung der Geisteswissenschaften auf den Begriff des Wertes stellte[4].

Gleichwohl gewann Hegels Vermächtnis und insbesondere sein Begriff des ›objektiven‹ Geistes am Ende auch über Dilthey, ja sogar über den Neukantianismus und die in unserem Jahrhundert aufkommende Phänomenologie erneut Gewalt; hier war ein Weg gewiesen, die Einseitigkeit des neuzeitlichen Subjektivismus und insbesondere die der ›psychologischen‹ Interpretation zu überwinden, die Schleiermachers geniale Einfühlungsgabe den traditionellen Methoden der Interpretationstheorie hinzugefügt und ihnen gegenüber ausgezeichnet hatte. Die Theorie des ›objektiven Geistes‹ wurde das wirksamste Erbe der Schule Diltheys (Spranger, Litt, Freyer, E. Rothacker) und des sich auflösenden Neukantianismus (E. Lask, E. Cassirer, N. Hartmann)[5]. So lag es auch für mich nahe, die Alternative ›psychologische Rekonstruktion vergangenen Denkens‹ und ›Integration vergangenen Denkens in das eigene Denken‹ gegen Schleiermacher und zu Gunsten Hegels zu entscheiden[6]. Freilich blieb seine ›Philosophie der Weltgeschichte‹ in den unlösbaren Widerspruch eines offenen Fortgangs der Geschichte und eines abschließenden Begreifens ihres ›Sinnes‹ verstrickt und konnte nicht wiederholt werden, wenn man es mit der Geschichtlichkeit ernst meinte.

So wurde ich zum Anwalt der ›schlechten Unendlichkeit‹, bei der das Ende immer noch aussteht – gewiß für Hegel selber nicht nur eine Unwahrheit, sondern auch eine Wahrheit. Es war im besonderen die philosophische Energie, mit der Martin Heidegger der transzendentalen Phänomenologie Husserls und seinem Programm einer neuen Wissenschaft vom Bewußtsein, dem Programm der Intentionalitätsforschung, das Paradox einer Hermeneutik der Faktizität entgegengestellt hatte, was mich inspirierte[7]. Daß gerade die unaufhellbare Dunkelheit unserer Faktizität – das, was Heidegger die ›Geworfenheit‹ nannte – den Entwurfscharakter des menschlichen Daseins trägt (und nicht nur begrenzt), mußte der Geschichtlichkeit des Daseins und der Bedeutung der Geschichte für unser Dasein ein neues Gewicht geben. Unser Verstehen der Geschichte ist nicht eine Frage des Wissens und Erkennens allein oder der Entwicklung des historischen Sinnes – es bildet mit an unserem Geschick. Daß Verstehen nicht so sehr ein ›Akt‹ des Bewußtseins ist als ein Wider*fahrnis,* in dem sich der geschichtliche Reichtum des Geistes aufbaut, daß ›Verstehen‹ auch und vor allem Geschehen ist und Geschichte macht, das zu behaupten war zwar gegenüber Husserls Programm von

Philosophie als strenger Wissenschaft und ihrer Begründung auf die apodiktische Gewißheit des Selbstbewußtseins eine Ketzerei. In Wahrheit war aber das Denken der Geschichtlichkeit des Daseins so wenig wie Diltheys ›Aufbau der geschichtlichen Welt in den Geisteswissenschaften‹ mit Husserl als ›Historismus‹ und Relativismus abzutun. Das konnte man an Heidegger lernen. Heideggers Wendung zur Hermeneutik der Faktizität war eine Abkehr von dem Bewußtseins-Idealismus neukantischer Prägung, dem Husserl gefolgt war. Aber sie war nicht Relativismus, sondern ein philosophischer Gegen-Entwurf. Sie schloß eine ontologische Kritik an den Begriffen von Objektivität und Subjektivität ein, die von weit her kam, vom Anfang des griechischen Denkens her. So ließ es geradezu Hegels Kritik der ›äußeren‹ Reflexion anklingen, wenn Heidegger die ›ontologische‹ Frage-Dimension von allen ›ontischen‹ Fragen unterschied. Insbesondere als Heidegger im Fortgang seines Denkens das existenzielle Pathos seines großen Erstlings milderte und sein eigenes transzendentales Selbstverständnis als unangemessen erkannte, trat immer stärker zutage, daß Hegels Lehre vom ›objektiven Geiste‹ ihre Aktualität noch nicht erschöpft hatte. Wenn man heute die denkwürdige Diskussion überdenkt, die 1930 Ernst Cassirer, der den neukantianischen Idealismus in die Richtung der ›Philosophie der symbolischen Formen‹ weiterentwickelt hatte, mit dem jungen Martin Heidegger in Davos führte, erkennt man klar, wie Hegels Erbe in beiden Denkern weiterlebte und den jüngeren am Ende in einen lebenslangen Dialog mit Hegel hineinnötigen sollte.

Es ließe sich zeigen, daß Hegels ›Reflexion in sich‹ eine Denkfigur darstellt, in der sich zwar ein aristotelisches Erbe verwaltete und erneuerte, der aber auch Heideggers an der Kritik der griechischen Ontologie erstarktes Denken nicht ganz fernblieb. Das Sein als ›Wahrsein‹, die Selbstdarstellung des ›Wesens‹, die man ›Denken‹ nennt, das war das zentrale Motiv, das Heideggers frühe Aristoteles-Interpretationen beseelte (die nie erschienen sind)[8]. Der Nachdruck, den schon der junge Heidegger darauf legte, daß die Unverborgenheit (›Aletheia‹) nicht ursprünglich im ›Satze‹, sondern im ›Sein‹ ihren Ort habe, präludierte der späteren Heideggerschen Abkehr von der transzendentalen Selbstinterpretation und bereitete jenes Denken an das ›Sein‹ vor, das als ›Lichtung‹ des Seins, als ›Sein‹ der Lichtung, das ›Da‹ ist, das sich in sich selbst auftut und allem möglichen Sichzeigen von Seiendem vorausliegt[9]. Die kühnen Metaphern, in denen Heidegger später vom ›Sein‹ zu reden versuchte, das nicht das Sein von Seiendem sei, ›Differenz‹, ›Lichtung‹, ›Austrag‹, ›Ereignis‹, kamen jedenfalls der spekulativen Dialektik der Hegelschen Begriffe weit näher, als es der akademische Neuhegelianismus tat, der sich im Rahmen des Neukantianismus – insbesondere im damaligen Heidelberg – entwickelt hatte.

Auch sollte man nicht verkennen, daß sich die philosophischen Motive, die Heidegger zu seiner sogenannten ›Kehre‹ nötigten, mit einem neuen Stilempfinden der Epoche verschmolzen, das, von der subtilen Sinnlichkeit impressionistischer Bezauberung erschöpft, nach neuer konstruktiver Sachlichkeit verlangte. Schon 1907 hatte Richard Hamann, einer der Lehrer meiner Jugend nach 1918, die Beisetzung des Impressionismus in Leben und Kunst mit der Forderung ›mehr Hegel‹ beschlossen. Man weiß, daß Hegel in anderen Ländern, etwa in Italien, eine dauernde Heimstätte gefunden hatte und daß der konstruktive Geist der modernen Kunst unseres Jahrhunderts der deutschen Entwicklung weit vorausgeeilt war. Van Gogh und Cézanne und eine Generation danach etwa Juan Gris und Picasso wurden zu symbolhaften Repräsentanten eines neuen Aufbruchs, der dann auch die deutsche Szene erfaßte. Ebenso war es in der Literatur, wo Mallarmés ›poesie pure‹ die dichterische Entsprechung zum absoluten Wissen Hegels darstellt – und in die gleiche Richtung deuteten in der deutschen Literatur die Entdeckung des späten Hölderlin, aber auch Georges formstrenge Verskunst und die Dinggedichte Rilkes. Das waren

Entwicklungen, die der Sprache der Dichtung wie der des Gedankens zu einer neuen *objektiven* Symbolkraft verhalfen. Es ist kein Zufall, daß die erste Dokumentation der ›Kehre‹ in Heideggers Denken in seinem Römer Hölderlinvortrag von 1936 zu Worte kam und daß auch sonst die alte romantische Nachbarschaft von Poesie und Philosophie auflebte, die mich selbst von früh an geprägt hat.

Es ist wahr, daß Heidegger selber damals dem Begriff der Hermeneutik nicht länger zutraute, sein Denken von den Konsequenzen einer transzendentalen Bewußtseinstheorie freizuhalten – wie er denn auch die Sprache der Metaphysik durch eine halbpoetische Sondersprache zu überwinden trachtete[10]. Aber mir selber schien eben diese Aufgabe zugefallen, dem Geschehen im Verstehen, der Überwindung des modernen Subjektivismus in einer Analyse der hermeneutischen Erfahrung, die sich ihrer selbst bewußt wird, das Wort zu reden. So begann ich bereits 1934 mit einer kritischen Analyse des ästhetischen Bewußtseins, von dem ich nachzuweisen suchte[11], daß es dem Wahrheitsanspruch der Kunst nicht gerecht wurde, und, begleitet von beständigem Umgang mit den griechischen Klassikern, insbesondere mit Plato, suchte ich die historistische Selbstentfremdung zu überwinden, mit der der historische Positivismus Gedanken zu Meinungen, Philosophie zu Doxographie hatte verblassen lassen[12]. Jene Theorie der ›Gleichzeitigkeit‹, die Kierkegaard aus religiösen und theologiekritischen Gründen dem ›Verstehen auf Abstand‹ entgegengesetzt hatte – 1924 durch die Diederichsausgabe der ›religiösen Reden‹ (›Leben und Walten der Liebe‹) zu überzeugender Wirkung gelangt –, kam mir zu Hilfe. Aber bereits eine meiner frühesten Denkerfahrungen hatte mich – auf dem Umwege über Kierkegaard und mit paradoxer Begeisterung für den Assessor Wilhelm in ›Entweder-Oder‹ – zu Hegel geführt, ohne daß ich es ganz realisierte.

Gewiß, was so mein Denken formte, war ein personalisierter, ein dialogischer Hegel, hinter dem immer der tägliche denkende

Umgang mit den platonischen Dialogen stand. Obendrein hatte ich von früh an kritischen Abstand gegenüber den akademischen Verstiegenheiten der Kathederphilosophie gesucht, die mir in einer Reihe von Erfahrungen an meinen eigenen Lehrern entgegentrat. Lebenserfahrung und Platostudium hatten mich schon früh zu der Einsicht geführt, daß die ›Wahrheit‹ einer einzelnen Aussage nicht an ihrem bloßen Sachverhältnis von Richtigkeit und Zutreffen gemessen werden könne, und auch nicht nur von dem Zusammenhange abhängt, in dem sie steht, sondern am Ende von der Echtheit ihrer Verwurzelung und Bindung an die Person des Sprechers, in dem sie ihr Wahrheitspotential gewinnt. Denn der Sinn einer Aussage erschöpft sich nicht in dem Gesagten. Er läßt sich nur aufschließen, wenn man auf ihre Motivationsgeschichte zurückgeht, auf ihre Implikationen vorausblickt. Das wurde von nun an eine meiner führenden hermeneutischen Evidenzen, in denen das Erbe Diltheys mit der phänomenologischen Klärung, die Husserl gebracht hatte, zusammenging. Warum bleibt denn Sokrates in unseren Augen, auch wenn er oft die vernünftigsten, ja, die sokratischsten Antworten seiner Gesprächspartner mit den bedenklichsten Mitteln logischer Art zu Fall bringt, weit von dem Verdacht frei, nur einer dieser nichtigen Sophisten zu sein, die das Spiel ihrer dialektischen Überlegenheit spielen[13]? Die ›Logik‹ in Ehren, aber die lächelnde Überlegenheit, mit der die platonischen Argumentationen in der modernen Forschung auf ihre logische Schlüssigkeit geprüft – und, wenn es hochkommt, wohlwollend verbessert werden –, ist mir immer als eine beinahe komische ›Metabasis eis allo genos‹ erschienen, eine Verwechslung von wissenschaftlicher Beweisführung mit dialogischer Überzeugungskraft, von Logik mit der Rhetorik des Gedankens, deren alter Name ›Dialektik‹ lautet. Aber es sollte mich noch lange Jahre kosten, bis sich die Zentralstellung des Dialogs in der Theorie der Hermeneutik und für die Sprachlichkeit unserer Welterfahrung insgesamt in meinem Denken durchsetzte.

Es bedurfte dazu mannigfacher Hilfe. Die eine kam mir noch zur Zeit des zweiten Weltkriegs durch die Autobiographie von Collingwood, dem Schüler B. Croces und letzten Repräsentanten des englischen Hegelianismus[14]. Dort fand ich, meisterhaft veranschaulicht an der Forschungserfahrung, die der große Entdecker der Limesführung im römischen Britannien gemacht hatte, als ›logic of question and answer‹ zum Prinzip erhoben, was mir aus meiner Praxis als Philologe und Interpret wohlvertraut war. Wie Collingwood den Verlauf des römischen Limes nicht durch den Zufall glücklicher Grabungsfunde aufgeklärt hatte, sondern durch die vorgängige Stellung und Beantwortung der Frage, wie eine solche Schutzanlage vernünftigerweise angelegt sein mußte, so wird auch der Umgang mit der philosophischen Überlieferung nur sinnvoll, wenn sich die Vernunft in ihr wiedererkennt, das heißt ihr eigenes Fragen an sie richtet. Daß man einen Satz nur ›versteht‹, wenn man ihn als Antwort auf eine Frage versteht, ist von schlagender Evidenz. Daß ich dennoch der Theorie geschichtlicher Erkenntnis, der Theorie des ›re-enactment‹, die Collingwood aufgebaut hatte, nicht ganz folgen konnte, lag an seiner auch das heutige Denken über diese Dinge oft beirrenden Verwechslung von Praxis und Handeln, durch die das Wesen und die Erfahrung der Geschichte voluntaristisch verstellt wird. Eine Theorie der Planung oder der Handlung kann niemals der Erfahrung der Geschichte gerecht werden, in der unsere Pläne zu scheitern und unsere Handlungen und Unterlassungen zu unerwarteten Folgen zu führen pflegen.

Aber solche kurzschlüssigen Anwendungen, wie ich sie bei Collingwood fand, hinderten mich im Grunde nicht: ich hatte die stärkere Position Hegels dahinter erkennen gelernt, freilich zugleich in einer undogmatisch-freien Weise. Daß das Bewußtsein des Einzelnen – von dem Sonderfall der ›welt-geschichtlichen Individuen‹ abgesehen – der Vernunft in der Geschichte nicht gewachsen ist, hatte Hegel in seiner berühmten Lehre von der List der Vernunft einleuchtend gezeigt. Aber mußte sich dieses Wissen um die

Endlichkeit und Begrenztheit des Einzelnen, der als Handelnder in der Geschichte steht, nicht auch auf den Einzelnen, der denkt, auswirken? Was muß das für den Anspruch des philosophischen Gedankens auf Wahrheit bedeuten? Daß die alte Form des Satzes nicht geschickt ist, spekulative Wahrheiten auszudrücken, hatte Hegel zwar gesagt und erkannt, aber es galt, diese Einsicht gegen ihn selbst und den Methodenzwang, den er sich antat, zu kehren. Was mich an Collingwoods Logik von Frage und Antwort überzeugte, war nicht ihre methodologische Brauchbarkeit, die am Ende trivial ist, sondern ihre allen Methodengebrauch übersteigende universale Geltung, derzufolge Frage und Antwort ganz ineinander verschränkt sind. Was ist denn eine Frage? Doch sicher etwas, was man verstehen muß und nur versteht, wenn man die Frage selber von etwas her, d. h. aber als eine Antwort versteht und damit den dogmatischen Anspruch einer jeden Aussage begrenzt. Die Logik von Frage und Antwort erwies sich als eine Dialektik von Frage und

Antwort, in der sich Frage und Antwort beständig vertauschen und in die Bewegung des Verstehens auflösen.

Damit tauchte mit einem Male hinter aller Methodenlehre der Geisteswissenschaften und aller Erkenntnistheorie die Einheit von Dialog und Dialektik auf, die Hegel und Plato in überraschender Weise aufeinander bezog und die hermeneutische Erfahrung freisetzte: Sie war nicht länger auf das ›Sein zum Texte‹ zu beschränken, auf ein Verfahren zur Befragung und zur Auslegung vorgegebener Texte für einen methodenkundigen Interpreten: plötzlich trat das motivierende Interesse, das aller Erkenntnis und Auslegung vorangeht, das Geheimnis der Frage, ins Zentrum. Eine Frage stellt sich, drängt sich auf, wird unabweisbar. Es ist nicht schwer zu erkennen, daß es keine Methode gibt, fragen zu lernen, und man erinnert sich, daß das alte rhetorische Lehrstück ›de inventione‹ wenigstens einen indirekten Hinweis auf die Bedeutung der Frage für alle Erkenntnis enthält. Die Struktur des Dialogs sollte sich als Schlüssel für die Rolle erweisen, die die ›Sprachlichkeit‹ für alles Erkennen und Verstehen spielt.

Zugleich aber war ein anderer größerer Lehrmeister an mich herangetreten. Ich meine Aristoteles, den mir, dem ganz Jungen, der junge Heidegger zuerst aufgeschlossen hatte. An der aristotelischen Theorie der ›Phronesis‹, der praktischen Vernünftigkeit, hatte ich das existenzphilosophische Pathos der seinerzeitigen Kierkegaardrezeption langsam ins Begriffliche durchzuklären gelernt. Was uns Kierkegaard gelehrt hatte und was wir damals ›existenziell‹ nannten (Jahrzehnte vor dem in Frankreich formulierten ›Existentialisme‹), fand sein Vorbild in der Einheit von Ethos und Logos, die Aristoteles als ›praktische Philosophie‹ und insbesondere als die Tugend der ›praktischen Vernünftigkeit‹ zum Thema gemacht hatte. Gewiß ist die zweitausendjährige Tradition der praktischen Philosophie, die auf Aristoteles zurückgeht, am Ende dem Druck des modernen Wissenschaftsbegriffs erlegen. Die Wendung von der ›Politik‹ als einer Disziplin der ›praktischen Philosophie‹, die vor allem von den Historikern noch tief ins 19. Jahrhundert hinein gepflegt wurde, zur ›Politologie‹ oder ›politischen Wissenschaft‹ ist dafür ein sprechender Ausdruck. Aber in ihr steckt ein Moment, das zu der hermeneutischen Erfahrung, und insbesondere der in den Wissenschaften wirksamen, eine genaue Entsprechung darstellt. Wer die Tugend der praktischen Vernünftigkeit besitzt, ist sich der normativen Gesichtspunkte bewußt, denen er folgt, und weiß sie in der konkreten Entscheidung, die die praktische Situation fordert, wirksam zu machen.

Die normativen Gesichtspunkte sind also in der praktischen Situation, in der einer steht, gewußt, aber nicht im Sinne theoretischen Wissens, sondern dank ihrer verbindlichen Geltung. Praktische Philosophie kann dieselben ihrerseits zum Gegenstand ihrer Theorie machen, etwa wie Aristoteles die ›ethischen Tugenden‹ im Umriß beschreiben. Aber der Theoretiker kann diese Gesichtspunkte nur angemessen, d. h. von ihrer erfüllten Konkretion her, sehen, sofern er sich selber unter ihrer verbindlichen Geltung erfährt. So hat Aristoteles die Möglichkeiten theoretischer Einsicht im praktischen Felde eingeschränkt. Nun scheint mir das gleiche für die Hermeneutik zu gelten und damit für die ›Geisteswissenschaften‹ und für alles Verstehen überhaupt[15]. Die Praxis des Verstehens ist – im Leben wie in der Wissenschaft – in ähnlicher Weise Ausdruck der Zugehörigkeit dessen, der versteht, zu dem, den er versteht, und zu dem, was er versteht. Die theoretische Rechenschaftsgabe über die Möglichkeiten des Verstehens ist nicht eine objektivierende Reflexion, die ›Verstehen‹ durch Wissenschaft und Methodik beherrschbar macht. Sie zeigt vielmehr, daß das Allgemeine als gewußtes der unauflöslichen Problematik seiner vernünftigen Anwendung unterliegt.

Damit erweist sich aber das Problem der Hermeneutik als ein Grundproblem der Philosophie überhaupt. Wie die praktische Philosophie steht die philosophische Hermeneutik jenseits der Alternative von transzendentaler Reflexion und empirisch-pragmatischer Erkenntnis. Es war am Ende das große Thema der Konkretisierung des Allgemeinen, das ich als die hermeneutische Grunderfahrunge denken lernte – und so war ich erneut in die Nähe des großen Lehrers der konkreten Allgemeinheit, in die Nähe Hegels geraten. Nicht nur Theologie und Jurisprudenz kannten und kennen die hermeneutische Aufgabe der Konkretisierung des Allgemeinen von jeher. Daß die Allgemeinheit der Regel der Anwendung bedarf und daß es für die Anwendung von Regeln ihrerseits keine Regel gibt, konnte man, wenn schon nicht aus eigener Einsicht, von Kants ›Kritik der Urteilskraft‹ lernen und von ihrer Nachfolge, insbesondere von Hegel.

Wir stehen voller Bewunderung vor Hegels großer Synthese von Christentum und Philosophie, von Natur und Geist, von griechischer Metaphysik und Transzendentalphilosophie, die Hegel als absolutes Wissen entwarf. Aber sie geht nicht in uns auf. Die anderthalb Jahrhunderte, die uns von Hegel trennen, lassen sich nicht verleugnen. Zwar möchte ich nicht in Hegel selbst die Zerstörung der »sicheren Grundlage des transzendentalen Bewußtseins, von der aus die apriorische Grenzziehung zwischen transzendentalen und empirischen Bestimmungen, Geltung und Genesis sicher schien«, wie Habermas einmal formuliert hat, erblicken, aber daß die Gewaltsamkeit seiner Synthese in dieser Richtung wirkte und daß wir diese Wirkung durch ein ganzes Jahrhundert, das man das historische nennt, erfahren haben, ist gewiß. Marx, Nietzsche, Freud haben der Selbstgewißheit des denkenden Denkens ihre Grenzen gezeigt.

So geht es nicht um Nachfolge Hegels, sondern um Innesein der Herausforderung, die er darstellt. Unter dieser Herausforderung begann für den nachdenklichen Blick die hermeneutische Grunderfahrung ihre wahre Universalität zu enthüllen, sofern unser Gebrauch der Sprache oder besser, sofern der Gebrauch, den die Sprache in uns findet, wenn wir denken, unsere gesamte Welterfahrung durchzieht. Sie leistet beständig die Konkretion des Allgemeinen[16]. Damit hatte die Hermeneutik ihre dienende Funktion, die sie als Methodenlehre der Geisteswissenschaften besessen hatte, mit einer alles bestimmenden Stellung vertauscht: sie war zur Philosophie geworden. Die Tendenzen unseres Jahrhunderts, die ich damit teilte, die Sprache als die wahre Konkretion des Gedankens zu denken, konvergieren allenthalben mit der platonisch-aristotelischen Erbschaft der griechischen Dialektik – dem galt mein besonderes Forschungsinteresse. Aber sie bewahren auch etwas von der großen Synthese von Vernunft und Geschichte, die Hegel gewagt hatte, auch wenn sie sich dessen nicht bewußt sind. In der Sprachlichkeit unseres Weltzugangs sind wir in das Traditionsgeschehen eingestellt, das uns als geschichtliche Wesen auszeichnet. Sprache ist nicht ein Instrumentarium, ein Werkzeug, das wir anwenden, sondern das Element, in dem wir leben und das wir nicht so zum Gegenstand machen können, daß es je aufhörte, uns zu umgeben.

Dies Element, das uns umgibt, ist jedenfalls nichts, was uns einschließt und dem zu entkommen unser Bestreben sein könnte. Das Element der Sprache ist überhaupt nicht ein bloßes leeres Medium, in dem das eine oder andere begegnet. Es ist der Inbegriff all dessen, was uns überhaupt begegnen kann. Was uns umgibt, ist Sprache als das Gesprochene, die Reden (›τὰ legomena‹). In der Sprache leben heißt, sich im Sprechen über etwas und im Sprechen zu jemandem bewegen. Noch wenn wir eine fremde Sprache sprechen, ist es nicht so sehr Sprache, was uns umgibt, als das in ihr Gesprochene. Aber daß es uns als Gesprochenes umgibt und nicht als das drohende Feld der Andersheit, demgegenüber es nur Selbstbehauptung, Siegen oder Unterliegen geben kann, das bildet den Raum unserer Freiheit.

Mag uns der Idealismus der Freiheit, den Hegel und seine Generation entwickelt haben, abstrakt erscheinen, mag heute die Freiheit aller, die Hegel als das Ziel der Weltgeschichte bezeichnete, angesichts der steigenden Unfreiheit aller wie eine Utopie erscheinen und mag der Widerspruch zwischen dem, was wirklich ist und dem, was vernünftig wäre, am Ende unauflösbar sein – all das bezeugt unsere Freiheit. Es sind nicht Naturnotwendigkeiten und Kausalzwänge, die unser Denken und unser Meinen bestimmen – wollend und handelnd, fürchtend oder hoffend oder zweifelnd, bewegen wir uns im Raume der Freiheit. Dieser Raum ist nicht der Freiraum einer abstrakten Konstruktionsfreudigkeit, sondern ein Raum, der von vorgängiger Vertrautheit mit der Wirklichkeit erfüllt ist.

Hegel hatte dafür den schönen Ausdruck vom ›Sich-Einhausen‹. Das Zu-Hause-Sein schließt keineswegs ein, für das Hergebrachte Partei zu nehmen. Es begründet ebenso die Freiheit zur Kritik und zum Entwurf auf neue Ziele im gesellschaftlichen Leben und Handeln. Gerade darin gilt es, sich als Erben Hegels zu bekennen, daß wir zwar seine Antizipation des Absoluten nicht als ein Wissen denken, das wir der Philosophie zutrauen, aber noch weniger von der Philosophie erwarten, daß sie den Forderungen des Tages dient und sich vor irgendeiner Instanz legitimiert, die zu wissen meint, was an der Zeit ist. Es gilt, die Dialektik des Allgemeinen und des Konkreten mit Hegel als die Summe der ganzen bisherigen Metaphysik zu erkennen und ineins damit zu begreifen, daß diese Summe immer neu gezogen werden muß. Man redet zwar vom Ende der Metaphysik und von dem wissenschaftlichen Zeitalter, in dem wir stehen, und vielleicht gar von der Geschichtslosigkeit des technischen Zeitalters, in das wir hineingehen. Am Ende dürfte Hegel recht behalten. Wir würden es freilich von der Menschheit im Ganzen sagen, was Hegel über ein ›gebildetes Volk‹ gesagt hat, daß es ohne Metaphysik ›wie ein Tempel ohne Allerheiligstes‹ wäre[17].

Die Herausgesetztheit aus den Bahnen der Natürlichkeit, die uns als Denkende auszeichnet, stößt überall und immer wieder an die Grenzen, über die unser Denken dennoch unwiderstehlich hinausgetrieben wird. Da ist das Rätsel des Anfangs, heute jedermann durch die Wissenschaft, durch den big bang, auf den Leib gerückt, auf das einst die Theologie der Schöpfung ihre Antwort anbot – oder war es eine Frage? –, das Rätsel des Weltganzen, das im Logos des Kosmos zuerst zum Begriff kam und das sich im expandierenden Universum der Natur und der Geschichte immer tiefer einhüllt, das Rätsel der menschlichen Freiheit, an der wir aufgrund unserer Erfahrung immer wieder – ebenso wie an der menschlichen Vernunft – zweifeln müssen und die wir doch als Denkende notwendig immer wieder in Anspruch nehmen, und da ist schließlich das Denken der Endlichkeit, das Denken des Endes unserer selbst als des Denkenden – ein Gedanke, den das Denken als solches nicht wahrhaben kann. All das läßt uns nicht los. Das alte griechische ›Erkenne dich selbst!‹ gilt auch noch für uns. Es meinte ja: ›Erkenne, daß du kein Gott, sondern ein Mensch bist‹. Was Selbsterkenntnis wirklich ist, ist jedenfalls nicht die vollendete Durchsichtigkeit des Wissens, sondern die Einsicht, die Grenzen annehmen zu müssen, die endlichen Wesen gesetzt sind. Aber wie die großen griechischen Denker den Mahnruf zur Bescheidung, den vor allem ihre Dichter zu erheben pflegten, dennoch nicht befolgen konnten, sondern dem Andrang des Fragens nachgaben, um »soweit es angeht, unsterblich zu werden«[18], so wird auch uns das Erbe Hegels nicht freilassen.

Das heißt nicht, daß Metaphysik als Wissenschaft für uns möglich wäre, diese einmalige Gestalt unserer westlichen Zivilisation, die in Hegel ihre triumphale Vollendung und ihr Ende fand. Aber ohne dieses Erbe der Metaphysik wäre es uns selber nicht möglich, auch nur zu begreifen, was die Wissenschaft ist, die unser Zeitalter zutiefst bestimmt – und welchen Platz sie in unserem eigenen Selbstverständnis einnimmt und verdient. Im vollen Bewußtsein unserer Endlichkeit werden wir den Fragen ausgesetzt bleiben, die über uns hinausgehen. Sie überfallen uns, wenn schon nicht den Einzelnen in seiner stillsten Stunde, so uns alle von dem her, worin wir uns alle erkennen, und darin bestätigen wir alle Hegels Lehre vom absoluten Geist. Wir wissen mit ihm von der Vielfalt der über alle geschichtliche Bedingtheit hinausreichenden Begegnung mit uns selbst. Wir begegnen uns in der Kunst, allem Sozialutilitarismus zum Trotz. Wir begegnen uns in der Herausforderung der Religion, die im Zeitalter der Wissenschaft fortbesteht. Wir begegnen uns ebenso im Denken. Da sind es die Fragen, die wir philosophisch nennen und die uns im Umgang mit unserer philosophischen Überlieferung fort und fort bewegen. Von ihnen kann sich in Wahrheit kein denkendes Wesen je ganz fernhalten: das brauche ich im Schwabenlande nicht weiter zu beweisen. Diese Fragen halten uns in Atem.

Nachwort

Meine Hegel-Rede, mit der ich der Stadt Stuttgart für die empfangene Auszeichnung dankte, sucht die spannungsvolle Nähe darzustellen, die die Entwicklung einer philosophischen Hermeneutik zu dem großen Denkentwurf Hegels aufweist. Auch wenn man die Endgestalt des spekulativen Idealismus für die abschließende systematische Grundlegung von Philosophie überhaupt halten möchte, kann man sich nach ein und einem halben Jahrhundert nicht einfach in dem Gehäuse dieses Denkens festmachen wollen. Bereits am Anfang der Entwicklung unseres Jahrhunderts hatte Benedetto Croce das gleiche Bedürfnis gespürt, Lebendiges und Totes in Hegels Philosophie zu unterscheiden und damit aus der fortwirkenden Tradition des italienischen Hegelianismus eine Summe zu ziehen. Ähnliches begab sich in England (McTaggart, Bradley) und in Holland (Bolland). Etwa zur gleichen Zeit setzte in Deutschland im Ausgang von dem

Neukantianismus, der damals die deutsche akademische Szene beherrschte und sich seinem Ende zuzuneigen begann, eine Wiederannäherung an die Philosophie Hegels ein. Windelband lieh ihr seine Stimme in der Heidelberger Akademierede von 1910, und die neue Bewegung wurde von seinem Schülerkreis, von Emil Lask und Richard Kroner, von Julius Ebbinghaus, Georg von Lukács und Ernst Bloch und von vielen anderen vorangetragen. Aber erst als die volle Masse des romantischen Erbes der Geisteswissenschaften in die transzendentalphilosophische Fortbewegung des Neukantianismus, der den Weg von Kant zu Hegel nochmals wiederholte, einströmte, sollte das Zeitbewußtsein als Ganzes vom philosophischen Gedanken Hegels her neu erfaßt werden.

In Wahrheit bedeutete das, daß Hegel selber aus seiner dünnblütigen akademischen Repristination befreit und auf seine eigensten Motive zurückgestellt wurde. Das Zeitbewußtsein des beginnenden 20. Jahrhunderts geriet zunehmend mehr unter den Einfluß von Friedrich Nietzsche und der Philosophie des Lebens, die in Henri Bergson ihren europäischen Stimmführer gefunden hatte. Das Neue war, daß man hinter die Aussagen des Selbstbewußtseins zurückfragte und im Namen des historischen Bewußtseins, der Ideologiekritik, der Tiefenpsychologie den Wahrheitsanspruch einer Philosophie bestritt, die auf den Begriff der transzendentalen Subjektivität und die Unerschütterlichkeit des Selbstbewußtseins gegründet war. In dieser Lage mußte die neue Bekanntschaft mit den frühen politisch-theologischen Entwürfen Hegels, die auf Diltheys Anregung hin von Hermann Nohl ediert worden waren, eine starke Resonanz finden und neue Perspektiven öffnen. Es war die neue Konkretion, die das idealistische Prinzip des Selbstbewußtseins bei Hegel gewonnen hatte, die jetzt an ihm sichtbar wurde. Von dem Begriff des Lebens aus, der als die Potenz des Organismus von Schelling abgeleitet wurde und auf den sich die höhere Potenz des Selbstbewußtseins, aufgerissen durch den ›Blitzschlag aus dem Absoluten‹, gründete, vor allem aber auch von dem johanneischen Begriff der Liebe aus, den der junge Hegel in seinen religiösen wie in seinen gesellschaftlichen Bezügen thematisiert hatte, weitete sich der gesamte Horizont, in dem das Denken Hegels erschien. Herbert Marcuses Dissertation, die er bei Heidegger geschrieben hatte, ist dafür symptomatisch[1]. Es geht da um die innere Verflechtung von Leben, Bewußtsein und Geist. So konnte das, was Heidegger selbst in der Hinterfragung des »phantastisch idealisierten Subjekts« der Transzendentalphilosophie im Auge hatte, in eine gewisse Nähe zu Hegel führen. Ein Neukantianer, ein auf das ›Faktum der Wissenschaft‹ gegründeter Logiker der reinen Erkenntnis im Stile Cohens, oder ein Phänomenologe der transzendentalen Subjektivität im Stile Husserls war Hegel jedenfalls nicht. So hat Heidegger von früh an[2] die Anziehung von seiten Hegels erfahren – und gerade deswegen seine kritische Abgrenzung gegen Hegel betrieben. Hegel war ihm mit seiner Überschreitung des ›subjektiven Idealismus‹ nahe genug, um ihn um so mehr herauszufordern[3].

Es mußte für ihn wie auch für seine Schüler ein beständiges Anliegen sein, die Nähe und Ferne zu Hegel zu bestimmen. Wenn ich mit meinem eigenen Bericht über das Erbe Hegels und über das, was ich als hermeneutische Philosophie entwickelt habe, in die Öffentlichkeit trete, muß ich auf die Frage gefaßt sein, wie die Hermeneutik glauben könne, sich den Konsequenzen zu entziehen, die Hegel gezogen hatte, als er den notwendigen Gang des Geistes durch die Bewußtseinsgestalten seines Erscheinens in umfassender Analyse bis zum ›absoluten Wissen‹ hinausgeführt hatte. Heidegger hat sich in einem Aufsatz seiner ›Holzwege‹ so tief in diesen Argumentationsweg der ›Phänomenologie des Geistes‹ eingelassen, daß das Widerstreben seines eigenen Denkens dabei fast überhörbar wurde. Ich habe der Frage, die die Ambivalenz in Heideggers Haltung zu Hegel betrifft, eigene Beiträge gewidmet[4] und versuchte, gerade auch das bleibende Erbe des Hegelschen Denkens zur Geltung zu bringen und insbesondere die Dialektik des Selbstbewußtseins von kurzschlüssigen Anwendungen (durch Marx, durch Kojève und Sartre) zu reinigen[5]. Aber die Herausforderung bleibt bestehen, daß Heidegger die kritischen Motive Schellings, Kierkegaards, Nietzsches aufgriff und von der hermeneutischen Grundverfassung des Daseins aus die Idee des absoluten Wissens und die Ineinanderspiegelung von christlicher Religion und absolutem Geist, die Hegels universale Synthese gewagt hatte, in seine kritische Destruktion der Metaphysik einbezog.

Auch die von mir entwickelte Hermeneutik bestand auf der ›Endlichkeit‹ und der Geschichtlichkeit des Daseins und suchte Heideggers Abkehr von seiner transzendentalen Selbstauffassung fortzuführen – freilich nicht auf Heideggers eigenem Wege einer Inspiration durch den dichterischen Mythos Hölderlins, sondern im Rückgang auf die ›offene‹ Dialektik Platos und in Anlehnung an jene ›Abdämpfung der Subjektivität‹, wie Julius Stenzel das genannt hat, die mich von früh an zum griechischen Denken hingezogen hatte. Daß dann, wie im Denken unseres Jahrhunderts im Ganzen, auch in der ›Hermeneutik‹ das Problem der Sprache mehr und mehr in den Vordergrund trat und das Sprachgeschehen in Verstehen und Verständigung zum Unterpfand der Endlichkeit wurde, war nur konsequent und entsprach insoweit den Denkintentionen Heideggers, der sich ›unterwegs zur Sprache‹ wußte. Doch hatte ich gute Gründe, den Dialogcharakter der Sprache in den Vordergrund zu stellen. Nicht nur war dadurch die Zentrierung in der Subjektivität des Selbstbewußtseins offenkundig überschritten, sondern vor allem strebte ich an, auf diesem Wege den von Heidegger in einem fast tragischen Ringen geführten Kampf gegen den Rückfall in die Sprache der Metaphysik beizulegen.

Heideggers Ansicht, daß wir über die Sprache der Metaphysik deshalb nicht hinauskommen, weil die Grammatik unserer Sprachen unser Denken an die Metaphysik bindet, hatte ich bereits in meinem Beitrag zur Löwith-Festschrift (jetzt unter dem Titel ›Heidegger und die Sprache der Metaphysik‹ in Kleine Schriften Bd. III, S. 212-220) durch eine Gegenerwägung zu überwinden gesucht. Die Gleichnisrede, die Parabel und all die anderen indirekten Redeweisen, die im Nahen und Fernen Osten entwickelt worden sind, zeigen eine narrative Struktur und vermitteln dennoch Einsichten der philosophischen Metaphysik. Die Sprache dieser Texte hat nichts zu tun mit der prädikativen Struktur des Urteils und ist unabhängig von jeder bestimmten Grammatik. Selbst in der Übersetzung behalten solche Reden und Sprüche eine tiefe Verständlichkeit.

Umgekehrt sind Heideggers halbpoetische Redeversuche manchmal mehr Ausdruck seiner Sprachnot als deren Überwindung. So habe ich auf den Tauschweg des Dialogs und auf die dialogische Struktur der Sprache verwiesen, in der sich beständig eine ganz undogmatische Dialektik vollzieht, und habe gezeigt, wie sich da über das Bewußtsein des einzelnen Sprechers hinaus eine gemeinsame Sprache herausbildet und damit eine schrittweise Enthüllung von ›Sein‹ zustande kommt. Das aber wiederholt sich im

Gespräch der Seele mit sich selbst, als das wir seit Plato das Denken denken. Gewiß geschieht solche Enthüllung von ›Sein‹ im vollkommenen Gedicht auf ganz andere, unmittelbare Weise, und so nennen wir ein Gedicht, bei dem das ausbleibt, ›leer‹. Die dialogische Struktur des Denkens kann solche Unmittelbarkeit niemals erreichen, aber sie kann sich auf sie hin bewegen. Das ist die Dimension der hermeneutischen Erfahrung. Noch in Hegels spekulativer Zersetzung des ›Satzes‹ spricht sich aus, daß die Anstrengung des Begriffs die in der Gestalt des Urteils und des Satzes angelegte Deformation des Denkens zu einer substantialistischen Metaphysik zu überwinden und spekulative Wahrheiten auszudrücken sucht.

So erwies sich die ›dialogische‹ Struktur alles Verstehens und aller Verständigung, die ich herausarbeitete, von einer so allgemeinen Tragweite, daß auch unser Verhältnis zur Überlieferung und insbesondere zur Denkgeschichte der ›abendländischen Metaphysik‹ von da modifiziert wurde. Was in Heideggers Perspektive als wachsende

Seinsvergessenheit erscheint, verteidigt gleichwohl seine Partnerschaft im Gespräch des Denkens mit sich selbst[6]. Die extremen Konsequenzen des Gedankens, in die sich Nietzsche mit beängstigendem Enthusiasmus, Heidegger mit eschatologischem Pathos gesteigert haben, finden ihren Gegenhalt in dem Fortbestand einer sprachlich ausgelegten Lebensordnung, die in Familie, Gesellschaft und Staat sich selbst beständig aufbaut und erneuert.

Das so zu betonen, wie ich es in ›Wahrheit und Methode‹ tat, mag in einem Zeitalter des Wissenschaftsglaubens und der rasanten technologischen Zerstörung alles Gewachsenen wie blinder Optimismus klingen. In Wahrheit steht hinter solchem Optimismus eine tiefe Skepsis bezüglich der Rolle des ›Intellektuellen‹ und im besonderen der Philosophie im Lebenshaushalt der Menschheit. Nicht, daß ich die Ubiquität der Philosophie leugnete. Ich bin sogar davon überzeugt, daß es keinen Menschen gibt, der nicht irgendwann und irgendwie ›denkt‹, das heißt, sich über das Leben und den Tod, über die

Freiheit und über das Zusammenleben der Menschen, über das Gute und über das Glück ›allgemeine‹ Ansichten bildet, die er für wahr hält. Diese Ansichten beruhen zumeist auf undurchschauten Voreingenommenheiten und kurzschlüssigen Verallgemeinerungen, und vielleicht kann man sagen, daß sie in den Denkversuchen und in den Begriffsklärungen der ›Philosophen‹ ihre Kritik und insofern eine gewisse Berichtigung finden – jeweils für den, der weiter ›denkt‹. Aber das ist das Äußerste, was sie von sich erwarten dürfen. Das große Gleichgewicht der Lebendigkeit, das den Einzelnen in seiner Privatheit wie in seiner gesellschaftlichen Verfaßtheit und in seiner Lebensansicht trägt und durchstimmt, umfaßt auch noch die Denkenden. Nietzsche mag diese Wahrheit allzu provokativ formuliert haben, wenn er von der ›kleinen Vernunft‹ des Menschen sprach. Gelassener war das griechische Denken, das die Erhebung zur Klarheit des Wissens und das Glück der ›Theoria‹ zwar für die höchste menschliche Lebensform hielt und als das Ideal des besten Lebens erkannte, aber wohl wußte, daß solche ›Theorie‹ in die Praxis des bedingten und gelebten Lebens eingebettet und von ihr getragen ist[7].

So hat es einen sachlichen Grund, daß ich in der Durchdenkung des hermeneutischen Phänomens mehr und mehr auf das Vorbild der praktischen Philosophie des Aristoteles gewiesen wurde. Heidegger hatte in seinem Kant-Buch von 1929 – gewiß eine vorübergehende Phase seines Denkens – die Idee einer endlichen Metaphysik entwickelt, indem er sich auf die Rolle der transzendentalen Einbildungskraft berief, aber ohne die entschlossenen Konsequenzen Fichtes und der anderen ›absoluten Idealisten‹ ziehen zu wollen[8]. Das wurde mir erneut interessant. Kein Zweifel, daß sich das Problem, das hier liegt, auch in der umfassenden Synthese des Hegelschen Denkens seine Abbildung verschafft hat. Das absolute Wissen ist nicht ablösbar von dem ganzen Gang des Geistes durch seine Bedingtheiten und Erscheinungsweisen. Der Denker Hegel selber war sich seiner eigenen Bedingtheit und Begrenztheit und damit der Verbesserungsfähigkeit der von ihm ausgearbeiteten ›philosophischen Wissenschaft‹ wohl bewußt, und das Ziel der Weltgeschichte, die Freiheit aller, schwebt in Wahrheit auch heute, vielleicht aus einsehbaren Gründen, in der Ferne einer ›schlechten Unendlichkeit‹. Das gleiche gilt am Ende von der Einheit von Geschichte und System der Philosophie, die Hegels theoretische und historische Arbeit als Voraussetzung trägt. Daran zu erinnern ist der Wahrheitspunkt der hermeneutischen Philosophie.

So ist es zu verstehen, daß ich einmal formulierte: »Dialektik muß sich in Hermeneutik zurücknehmen«[9]. Dieser Satz läßt sich nicht umkehren, wenigstens dann nicht, wenn man unter Dialektik mit Hegel die entfaltete Form des philosophischen Beweises versteht und nicht nur jenes ›Spekulative‹, das freilich allen letzten Grundaussagen der Philosophie von Heraklits Tagen an ihr spannungsvolles Gepräge gibt. Dagegen kann gerade die Dialogkunst Platos und die ›Dialektik‹ dieser unermüdlichen Selbstkorrektur aller abstrakten Einseitigkeiten, die der sokratische Dialog spiegelt, gewisse Winke geben, wie sich eine philosophische Denkfigur aufbauen ließe, die die Frage der Metaphysik nach dem Unendlichen und Absoluten an die unaufhebbare Endlichkeit des Fragenden zurückbindet. Plato selber bezeichnete das Relationsgeflecht der Logoi als ›Dialektik‹, und diese ist eine des Seins selber, das sich dem Denken darstellt. Damit meinte er zugleich, daß dasselbe sich nie in abgeschlossener Präsenz eines ›unus intuitus‹ oder einer unendlichen Monade im Sinne von Leibniz erfassen läßt, sondern, wie alle menschliche Klarheit und Helle, von Dunkel, Vergehen und Vergessen umwölkt ist. Das wußte Diotima, wenn sie das menschliche Wissen mit dem Leben der Gattung verglich, die nur im unermüdlichen Reproduktionsprozeß der einzelnen Exemplare ihr beständiges Sein hat[10]. Die Hermeneutik sucht das festzuhalten, indem sie den Traditionszusammenhang, in dem wir stehen, als einen beständigen Neuerwerb auszeichnet, der ins Unendliche fortgeht. Sie trachtet ihn so anzueignen, wie jedes lebendige und produktive Gespräch mit einem anderen den Horizont des anderen mit dem eigenen zu vermitteln weiß.

So scheint mir auch die von W. Pannenberg eröffnete Debatte über Hermeneutik und Universalgeschichte, in der er mir die geschichtsphilosophische Konsequenz Hegels aufzunötigen suchte, am Ende ohne wirklichen Streitpunkt[11]. Nicht das ist ja strittig, daß die christlichen und nichtchristlichen Heilsgeschichten – und selbst Unheilsgeschichten wie die Nietzschesche des heraufziehenden europäischen Nihilismus – ein legitimes Bedürfnis der menschlichen Vernunft sind, die sich ihrer Geschichtlichkeit bewußt ist. Insoweit ist Universalgeschichte unbestrittenermaßen ein Aspekt der Erfahrung unserer Geschichtlichkeit. Wie alle Geschichte muß aber auch die Universalgeschichte, sofern sie nicht als Heilsgeschichte ihr absolutes Datum besitzt, immer neu geschrieben werden, und jeder Entwurf derselben hat nicht viel längere Geltungsdauer als der Schein eines Blitzes, der einen Augenblick lang das Dunkel der Zukunft wie das der sich im Dämmer verlierenden Vergangenheit aufreißt. Das ist die Aussage der hermeneutischen Philosophie, die ich selbst gegen Hegel zu verteidigen wage.

Gewiß bin ich der letzte, die ursprüngliche Gemeinsamkeit zu leugnen, die alle Denkversuche der Menschheit verbindet und vollends die unserer abendländischen Tradition. So habe ich selber gegen Heidegger in Plato und im Platonismus und ebenso in Hegel (und nicht nur in Schelling) jenen ›Anfang‹ wiederzuerkennen versucht, auf den Heideggers Destruktion der Metaphysik zurückfragte. Ich würde auch nicht bestreiten, daß etwa im Denken Diltheys – und mehr noch in dem des Grafen Yorck – ›lebensphilosophische‹ Motive wirksam sind, die über den historischen Positivismus hinwegführen, dem Dilthey in seiner erkenntnistheoretischen Grundlegung der Geisteswissenschaften allzu sehr nachgibt[12]. Diltheys Übergang von der Psychologie zur Hermeneutik trägt in Wahrheit über die Methodenlehre der Geisteswissenschaften hinaus und bringt ihn so mit innerer Konsequenz in die Nähe zu Hegel. Alles, was seine Schule und seine Wirkung unter dem Begriff des ›objektiven Geistes‹ verstand, bezeugt dieses Erbe.

Aber man muß auch umgekehrt sehen, daß jeder Denkansatz eines Denkenden, auch wenn sie am Ende alle nach dem Selben fragen, sich gegen die jeweiligen Partner seines philosophischen Gesprächs profilieren muß, wenn er sich überhaupt soll artikulieren können. Als Heidegger den Einleitungssatz zu Hegels ›Logik des Wesens‹ »Die Wahrheit des Seins ist das Wesen« zum Thema jenes denkwürdigen Freiburger Jubiläumsseminars vom Jahre 1964 machte, war mir die Profilierungsabsicht, die ihn leitete, völlig klar. Aber ich glaubte (und glaube), daß Heidegger diesen Satz selber hätte schreiben können – freilich in seinem Sinne und in seiner Sprache. Er würde dann etwa meinen: »Die Offenbarkeit des Seins geschieht als das An-Wesen«. Das habe ich ihm in einem Briefe zu unterstellen gesucht. Indessen hat Heidegger in seinem Antwortbrief an mich die Selbstprofilierung so weit getrieben, daß er Hegels Satz vollständig verfremdete und folgendermaßen wiedergab: »Certitudo objektivitatis reflectitur qua relucentia«, und er erläuterte das so: »Die Absicht des Seminars war, zu zeigen, wie es für Hegel zu der doch befremdenden Bestimmung der Reflexion als ›Wesen‹ kommt. Um dies zu *sehen,* ist es nötig, im vorhinein die Wahrheit als Gewißheit zu denken und ›Sein‹ als Gegenständlichkeit in der Transzendentalität des absoluten Wissens«[13].

Ein ähnliches Beispiel wäre etwa, daß sowohl in Aristoteles' Begriff des Seins als des ›ti en einai‹ als auch in Hegels Begriff des Wesens, das ›gewesen‹ ist, der Zeithorizont des Seins anklingt, wie gerade Heidegger selber gezeigt hat. Gleichwohl hat er in Aristoteles wie in Hegel die Vertreter des vulgären Zeitbegriffs der gemessenen Zeit gesehen, der in der Tat den Gegenstand ihrer thematischen Analysen des Zeitproblems bildet. Dabei war es doch offenkundig, daß beide auch in anderem Sinne von der Zeit wußten. Das ging mir als Problem nach, und so habe ich Heidegger zu seinem achtzigsten Geburtstag eine Arbeit über ›leere und erfüllte Zeit‹ gewidmet, die auf andere Zeiterfahrungen innerhalb der Geschichte der Metaphysik (im Platonismus wie bei Schelling und Hegel) hinwies[14]. Er antwortete mir, daß der eigentliche Gegenbegriff zur erfüllten Zeit nicht die leere Zeit sei, sondern die gemessene Zeit. So stark war der Profilierungswille, der ihn festhielt.

Ebenso bestand Heidegger darauf, Hegels Reflexion in sich, die doch gewiß von der ›äußeren Reflexion‹ ausdrücklich genug abgehoben wird, als Zeugnis der Hegel beherrschenden Orientierung am Selbstbewußtsein zu verstehen und ließ den Schritt Hegels zum ›objektiven Geist‹ unterbetont.

Indessen gilt für sein eigenstes Unternehmen, die Seinsfrage neu zu stellen und die säkulare Antwort der Metaphysik, sowie die Sprache der Metaphysik, zu ›überwinden‹, daß dies Neue mit dem Alten untrennbar zusammengehört. ›Überwindung‹ setzt den Bestand der Metaphysik für Heideggers eigenes Denken voraus, nicht als etwas, was hinter ihm liegt, sondern als einen Partner, gegen den er sich zu profilieren vermag[15]. Die Metaphysik ist für die Überwindung der Metaphysik und für Heideggers ›Schritt zurück‹ ebenso sehr eine Voraussetzung wie die totale ›Seinsvergessenheit‹ des technologischen Denkens unserer Zeit.

Ich brauche wohl nicht hinzuzufügen, daß ich in meinem eigenen Versuch von ›Wahrheit und Methode‹ ähnlich profilierend (und einseitig) verfahren bin. Mit Schleiermacher, dessen Hermeneutik ich von seiner Dialektik allzu sehr trennte, mit Dilthey, den ich an den Konsequenzen Heideggers und Nietzsches maß, und gewiß mit Hegel, dem ich aus diesem Grunde weitere Studien gewidmet habe und dessen Herausforderung ich mich im Positiven wie im Negativen zu stellen suche, wo immer ich kann.

Anmerkungen

Jürgen Habermas
Urbanisierung der Heideggerschen Provinz

1 H. G. Gadamer, Philosophische Lehrjahre, Frankfurt 1977, S. 115 f.
2 Hegels Dialektik, Bonn 1971.
3 Lehrjahre, 23.
4 Lehrjahre, 181.
5 Wahrheit und Methode, XV.
6 Vorwort zur 2. Auflage von ›Wahrheit und Methode‹, XXIII.
7 Lehrjahre, 177.
8 H. G. Gadamer, Vernunft im Zeitalter der Wissenschaft, Frankfurt 1976, 10.
9 Vernunft im Zeitalter der Wissenschaft, 24.
10 Vorwort zur 2. Aufl. von ›Wahrheit und Methode‹, XIV.
11 Nachwort zur 3. Aufl. von ›Wahrheit und Methode‹, 533 f.

Hans Georg Gadamer
Das Erbe Hegels

1 Apostelgeschichte V, 9. Vgl. Werke 13, 29. Das Zitat begegnet nur in Michelets Redaktion, nicht in den eigenhändigen Handschriften, und bezieht sich kritisch auf eine »Ansicht von den verschiedenen Philosophien«, die Hegel philosophisch unbefriedigend findet – aber eben sub specie aeternitatis.

2 Es war das Verdienst von Erich Rothackers ›Einleitung in die Geisteswissenschaften‹ (1. Aufl. 1920), die geschichtliche Schuld der historischen Schule gegenüber Hegel aufgewiesen zu haben.

3 Die einflußreichste Kritik an Hegels Dialektik war die von Adolf Trendelenburg, der seinerseits offenkundig auf Hermann Cohen gewirkt hat. Das weithin sichtbare Manifest der Bewegung ›Zurück zu Kant‹ wurde das Buch von Otto Liebmann, ›Kant und die Epigonen‹ 1865.

4 Vgl. meinen Aufsatz ›Das ontologische Problem des Wertes‹ (1971), jetzt in Kleine Schriften IV, S. 205-217.

5 Vgl. Wilhelm Dilthey, ›Die Jugendgeschichte Hegels‹ (1904) und Band 7 und 8 von Diltheys Gesammelten Schriften.

6 Vgl. meine Darstellung in ›Wahrheit und Methode‹, S. 158 ff.

7 Zum Begriff der Faktizität vgl. Heidegger ›Sein

und Zeit‹, S. 56, 181 u.ö.

8 Der besondere Akzent, den Heidegger auf diesen Punkt legte, ist heute durch seine Marburger Vorlesung ›Logik. Die Frage nach der Wahrheit‹ (1925/26) bekundet, in der Aristoteles' Metaphysik 9. Buch, Kap. 10 eingehend behandelt ist: §§ 13b, 14.

9 Heideggers neue Wendung trat bekanntlich erst nach dem Kriege durch seinen Brief über den Humanismus (1947) in die Öffentlichkeit, doch war sie in einigen Vorträgen, insbesondere denen über ›Der Ursprung des Kunstwerks‹, der Sache nach schon impliziert.

10 Zu Heideggers späterer Vermeidung des Begriffs der Hermeneutik vgl. ›Unterwegs zur Sprache‹, S. 98, 120 ff.

11 Meine erste Veröffentlichung auf diesem Gebiete war mein Beitrag in der Festschrift für Richard Hamann 1939.

12 Noch vor ›Wahrheit und Methode‹ ist das vor allem in meinen Vorlesungen in Louvain 1958 (Chaire Cardinal Mercier, 1957) deutlich, die unter dem Titel ›La connaissance historique‹ 1963 veröffentlicht worden sind.

13 Vgl. mein Plato-Buch von 1931 ›Platos dialektische Ethik‹ (2. Aufl. 1966) und insbesondere in Kleine Schriften III meinen Aufsatz ›Logos und Ergon in Platos Lysis‹ (S. 50-63).

14 Collingwoods Autobiographie ist auf meine Ver-

anlassung von J. Finkeldei übersetzt und mit einer Einleitung von mir veröffentlicht worden, unter dem Titel ›Denken‹ (1955).

15 Vgl. meine neuere Arbeit ›Hermeneutik als theoretische und praktische Aufgabe‹ in: Rechtstheorie 1978 und meinen Kongreßvortrag in Thessaloniki (1978) über Aristoteles' praktische Philosophie (im Druck).

16 Darauf beruht die Universalität der Hermeneutik, die den Gegenstand der Diskussion in dem Suhrkampband ›Hermeneutik und Ideologiekritik‹, Frankfurt 1971, bildet.

17 Hegel, Wissenschaft der Logik, Vorrede.

18 Vgl. Aristoteles, Eth. Nic. K 7, $1177b_{31}$ ff.

Nachwort

1 Herbert Marcuse, Hegels Ontologie und die Grundzüge einer Theorie der Geschichtlichkeit, 1. Aufl., Frankfurt 1932.

2 Vgl. den Schlußsatz in Heideggers Habilitationsschrift ›Die Kategorien- und Bedeutungslehre von Dun Scotus‹ 1916. Er spricht von »der großen Aufgabe einer prinzipiellen Auseinandersetzung mit dem an Fülle wie Tiefe, Erlebnisreichtum und Begriffsbildung gewaltigsten System einer historischen Weltanschauung, als welches es alle vorausgegangenen fundamentalen philoso-

phischen Problemmotive in sich aufgehoben hat, mit Hegel.«

3 Aus einem Brief Heideggers vom 2. 12. 1971: »Ich weiß selber noch nicht hinreichend deutlich, wie meine ›Position‹ gegenüber Hegel zu bestimmen ist – als ›Gegenposition‹ wäre zu wenig; die ›Positions‹-Bestimmung hängt mit der Frage nach dem Geheimnis des ›Anfangs‹ zusammen; sie ist weit schwieriger, weil einfacher als die Erläuterung, die Hegel darüber gibt vor dem Beginn der ›Bewegung‹ in seiner ›Logik‹. – Immer wieder habe ich mich gegen die Rede vom ›Zusammenbruch‹ des Hegelschen Systems gewendet. Zusammengebrochen, das heißt herabgesunken ist, was folgte – Nietzsche mit einbezogen.«

4 Hegels Dialektik. Fünf hermeneutische Studien, 1971. Auf diese Veröffentlichung beziehen sich die Briefe Heideggers, aus denen im Nachwort zitiert wird.

5 Hegels Dialektik des Selbstbewußtseins, in ›Materialien zu Hegels Phänomenologie des Geistes‹, suhrkamp taschenbuch wissenschaft, S. 217-242.

6 Heidegger selbst hat in dem oben genannten Brief zu meinem Freiburger Vortrag über ›Hegel und Heidegger‹ die Bemerkung gemacht: »Aber ich meine, Sie bringen die Bewußtseins- und ›Seins‹-dialektik zu nahe mit der platonischen zusammen – im Hinblick auf das ›Gespräch‹ vielleicht mit

Recht.« Dies Zugeständnis ist genau das, worauf es mir ankam und was ich insbesondere in meiner Gedenkrede »Sein Geist Gott« (in Kleine Schriften IV, S. 74 ff.) etwas weiter ausgeführt habe.

7 Dem weitverbreiteten Vorurteil, daß Aristoteles das theoretische Lebensideal aus Anhänglichkeit an den Platonismus vorangestellt habe, in Wahrheit aber das praktisch-politische Lebensideal in der Konsequenz seiner Ethik läge, bin ich in meinem Vortrag in Thessaloniki entgegengetreten: »Wir sind nicht vor die Wahl gestellt, ob wir Götter sein wollen oder Menschen.«

8 Vgl. in Kleine Schriften IV: ›Kant und die philosophische Hermeneutik‹ S. 196-204.

9 Aus einem Brief von Heidegger vom 29. 2. 72: »Soweit ich bisher Ihre Plato- und Hegel-Studien übersehen kann und durchdacht habe, verdeutlichen sie und begründen zugleich die Weisung, mit der sie Ihren Freiburger Vortrag schließen: ›Dialektik muß sich in Hermeneutik zurücknehmen‹. – Damit öffnet sich zum ersten Mal produktiv ein Weg zur Verwindung der Dialektik. Die nähere Bestimmung der Hermeneutik drängt jedoch zugleich in die Frage, ob und auf welche Weise der eigentümlich universale Anspruch der Informatik als ein im äußersten Maße deficienter Modus der ›Verständigung‹ in Hermeneutik zurückgeholt werden kann. – Die Übernahme beider Aufgaben muß für deren Austrag die Sprach-

not des Denkens nicht nur durchleiden und anerkennen, sondern eigens bedenken auf eine Art, die aller Reflexion vorausgeht und zu einer anfänglichen ›Be-Stimmung‹ der Phänomenologie unterwegs ist.« Heidegger hat sicher recht, wenn er in der Informatik den Extremfall sieht, der der Hermeneutik die äußerste Aufgabe stellt. Doch frage ich mich auch hier, was die Sprachnot des Denkens eigentlich bedeutet. Heidegger fährt in seinem Briefe fort: »Weshalb bleibt das Denken notwendig in der Sprach-Not der Wortfindung? Vermutlich weil das Sagen des Denkens das Sein (eher noch die Differenz zum Seienden) zu sagen hat, die jeweilige geschickliche Sprache jedoch selbstvergessen das Seiende an- und ausspricht. Das Wort ist auf die Sage des Seienden gestimmt. Aber sie vermag auch wiederum nur so zu sprechen, weil sie aus der Lichtung des Seins spricht, sprechend sogar dieses nennt. Doch wie rätselhaft sind die Namen *dieses* Nennens. Wie ist es mit der Hermeneutik *solcher Namen*?«

Ich möchte vermuten, daß Heidegger hier, weil er so sehr auf den Namen und das Nennen hinsieht, nahelegt, von ›rätselhafter‹ Metaphorik zu sprechen. Aber wird eine Metapher nicht gerade dadurch rätselhaft, daß sie wie ein Name aus dem Duktus der Rede herausgelöst wird? Sollte die Sprachnot nicht vielmehr aus dem Ideal des Nennens selber stammen und sich in der dialogischen

Bewegung des Denkens wie von selbst überwinden?

10 Vgl. Platos Symp. 207 f.

11 Wolfhart Pannenberg ›Hermeneutik und Universalgeschichte‹ in: Zeitschrift für Theologie und Kirche 60, 1963, S. 90-121.

12 Das hat Collingwood in seiner ›Theorie der Geschichte‹ besonders betont und kritisiert. Neuere Forscher versuchen umgekehrt die ›positivistische‹ Seite in Dilthey in positiver Absicht zu betonen, vgl. die wohlabgewogene Darstellung bei Manfred Riedel, Verstehen oder Erklären?, 1978, insbesondere S. 42 ff.

13 Der genaue Zusammenhang, aus dem die im Text zitierten Briefstellen in Heideggers Brief vom 2. 12. 1971 stammen, lautet folgendermaßen:

»Um auf die Frage Ihres Briefes einzugehen, ob Sie S. 94 ›etwas richtig geahnt‹ haben, verweise ich auf die beiden beiliegenden Fotos, die mir Schadewaldt im vergangenen September geschickt hat. (Rb.: das dreifach unterstrichene ›en‹ in ›to ti en einai‹ das schon *gewesen* der Vermittelung).

Die Absicht des Seminars war, zu zeigen, wie es für H. zu der doch befremdenden Bestimmung der Reflexion als ›Wesen‹ kommt.

Um dies zu sehen, ist es nötig, im Vorhinein die Wahrheit als Gewißheit zu denken und ›Sein‹ als Gegenständlichkeit in der Transzendentalität des absoluten Wissens.

Der Satz ›Die Wahrheit des Seins ist das Wesen‹ müßte lateinisch lauten: Certitudo objectivitatis+) reflectitur qua relucentia. Aber auch *so* spricht die lat. Sprache, wie Sie überzeugend darlegen, nicht philosophisch im Sinne Hegels.

Wenn Oskar Becker noch lebte – übrigens eine ausgezeichnete Aufnahme von Schadewaldt – könnte er bezeugen, daß ich bereits 1922 von der ›Reluzenz‹ im Dasein sprach. Das Wort möchte anderes sagen als die Reflexion als Akt des Bewußtseins – nämlich das Zurückscheinen des Anwesens auf das u. im Dasein. Dies gehört zu der in der ersten Marburger Vorlesung versuchten Descartes-Kritik.

Demgemäß ist Seite 67 f. die ›Arbeitsnotiz‹ anders zu denken. ›Das Unheimische‹ besteht nicht darin, daß die Reflexion ›nirgends verweilen kann‹, sondern darin, daß ›die ʿAletheia‹ selbst und als solche *nicht* erfahren und gegründet ist, daß sie nicht zum ›Wesen‹ (v) kommt ›als das ›Ereignis‹ (vgl. Identitätsvortrag).

a Dieses Erfahren der ›Aletheia‹ ist der Schritt zurück zum ›Ältesten des Alten‹ (vgl. Aus d. Erf. d. Denkens S. 19), die Einkehr in den ›anderen Anfang‹ d. h. in den *einen* u. *selben einzigen* Anfang des abendländisch europäischen Denkens, aber *dieser* Anfang in anderer Weise gedacht. Während ich schon Jahrzehnte hindurch diese Überlieferung dachte und zu hüten versuchte, verfiel ich in dem mit dem genannten Jubiläumsseminar gleichzeitigen Vortrag ›Der Satz der Identität‹ der ganz ungemäßen Rede vom ›Sprung‹; wenn Sie mein Handexemplar sähen, könnten Sie die Korrekturen feststellen, die ich sogleich anbrachte, als ich den Text gedruckt vor mir hatte. Dies in Kürze zu Ihren rhetorischen Fragen S. 90, 2. Abschn. unten.«

14 Jetzt in Kleine Schriften III, S. 221-236.

15 Heidegger selber hat diesen Zusammenhang durchaus anerkannt und sich in späteren Jahren ausdrücklich gegen den Mißbrauch seiner Parole von der ›Überwindung der Metaphysik‹ gewandt. Er schlug als neuen Ausdruck »die Verwindung der Metaphysik« vor, und ich habe in meinem Aufsatz über ›Hegel und Heidegger‹ diese neue Redewendung erläutert: Was man verwindet, liegt nicht einfach hinter einem, als überwunden oder aufgehoben, sondern bestimmt einen fort.

Georg Wilhelm Friedrich Hegel
im Suhrkamp Verlag

Werke in 20 Bänden
Auf der Grundlage der »Werke« von 1832–1845 neu edierte Ausgabe
Redaktion Eva Moldenhauer und Karl Markus Michel
Theorie-Werkausgabe

Band 1 Frühe Schriften
Band 2 Jenaer Schriften 1801–1807
Band 3 Phänomenologie des Geistes
Band 4 Nürnberger und Heidelberger Schriften 1808–1817
Band 5 Wissenschaft der Logik I
Band 6 Wissenschaft der Logik II
Band 7 Grundlinien der Philosophie des Rechts
Band 8 Enzyklopädie der philosophischen Wissenschaften I
Band 9 Enzyklopädie der philosophischen Wissenschaften II
Band 10 Enzyklopädie der philosophischen Wissenschaften III
Band 11 Berliner Schriften 1818–1831
Band 12 Vorlesungen über die Philosophie der Geschichte
Band 13 Vorlesungen über die Ästhetik I
Band 14 Vorlesungen über die Ästhetik II
Band 15 Vorlesungen über die Ästhetik III
Band 16 Vorlesungen über die Philosophie der Religion I
Vorlesungen über die Philosophie der Religion II
Band 17 Vorlesungen über die Beweise vom Dasein Gottes
Band 18 Vorlesungen über die Geschichte der Philosophie I
Band 19 Vorlesungen über die Geschichte der Philosophie II
Band 20 Vorlesungen über die Geschichte der Philosophie III

G. W. F. Hegel
Werke in zwanzig Bänden. Register
Angefertigt von Helmut Reinicke

Einzelausgaben

Phänomenologie des Geistes. stw 8
Grundlinien der Philosophie des Rechts oder Naturrecht und Staatswissenschaft im Grundrisse. Mit Hegels eigenhändigen Notizen und den mündlichen Zusätzen. stw 145
Politische Schriften. Nachwort von Jürgen Habermas. Reihe Theorie

Arbeiten über Hegel

Theodor W. Adorno, Drei Studien zu Hegel. Gesammelte Schriften 5: Zur Metakritik der Erkenntnistheorie. Drei Studien zu Hegel. Herausgegeben von Gretel Adorno und Rolf Tiedemann

Aktualität und Folgen der Philosophie Hegels. Herausgegeben von Oskar Negt. es 441

Shlomo Avineri, Hegels Theorie des modernen Staates. Übersetzt von R. und R. Wiggershaus. stw 146

Ernst Bloch, Subjekt – Objekt. Erläuterungen zu Hegel. stw 251

Manfred Frank, Der unendliche Mangel an Sein. Schellings Hegelkritik und die Anfänge der Marxschen Dialektik

Jürgen Habermas, Dieter Henrich, Zwei Reden. Aus Anlaß der Verleihung des Hegel-Preises 1973 der Stadt Stuttgart an Jürgen Habermas am 19. Januar 1974. st 202

Dieter Henrich, Hegel im Kontext. es 510

Dieter Henrich, Das Andere seiner selbst. Die Logik der Entwicklung von Schellings Identitätssystem zur Theorie des absoluten Geistes (Jena 1801-1804)

Alexander Kojève, Hegel. Eine Vergegenwärtigung seines Denkens. Kommentar zu ›Phänomenologie des Geistes‹. Herausgegeben von Iring Fetscher. Mit einem Anhang: Hegel, Marx und das Christentum. stw 97

Georg Lukács, Der junge Hegel. Über die Beziehungen von Dialektik und Ökonomie. stw 33

Materialien zu Hegels ›Phänomenologie des Geistes‹. Herausgegeben von Hans Friedrich Fulda und Dietrich Henrich. stw 9

Materialien zu Hegels Rechtsphilosophie. Band 1. Herausgegeben von Manfred Riedel. stw 88

Materialien zu Hegels Rechtsphilosophie. Band 2. Herausgegeben von Manfred Riedel. stw 89

Willi Oelmüller, Die unbefriedigte Aufklärung. Beiträge zu einer Theorie der Moderne von Lessing, Kant und Hegel. Mit einer neuen Einleitung. stw 263

Joachim Ritter, Hegel und die französische Revolution. es 114

Joachim Ritter, Metaphysik und Politik. Studien zu Aristoteles und Hegel. stw 199

Seminar: Dialektik in der Philosophie Hegels. Herausgegeben und eingeleitet von Rolf-Peter Horstmann. stw 234

Charles Taylor, Hegel. Übersetzt von Gerhard Fehn

Michael Theunissen, Sein und Schein. Die kritische Funktion der Hegelschen Logik

suhrkamp taschenbücher

st 547 Max Brod
Der Prager Kreis
Mit einem Nachwort von Peter Demetz
264 Seiten
Die Darstellung geht von dem »engeren Prager Kreis« aus, der Kafka, Brod, Felix Weltsch, Oskar Baum, Ludwig Winder umfaßte. Brod schildert dann die Kontakte mit dem »weiteren Prager Kreis« (Franz Werfel, Willy Haas, Johannes Urzidil u. a.) und mit den tschechischen Künstlern. Auch zeigt er viele andere »Ausstrahlungen«. So ruft er zum Beispiel den genialen Erzähler Hermann Grab in Erinnerung.

st 548 Friederike Mayröcker. Ein Lesebuch
Herausgegeben und eingeleitet von Gisela Lindemann
352 Seiten
Die Auswahl aus dem bisherigen Werk von Friederike Mayröcker ist eine näherungsweise thematisch orientierte Komposition. Es sollen darin alle literarischen Formen vorgeführt werden, die die Autorin im Laufe der Jahre durchgespielt hat: unterschiedliche Formen von Lyrik, szenischer Prosa, Hörspiel, erzählender Prosa.

st 549 E. M. Cioran, Vom Nachteil, geboren zu sein
Übersetzt von François Bondy
176 Seiten
Jenseits aller intellektuellen und weltanschaulichen Lager hat Cioran in seinen Aphorismen eine Position bezogen, die er selbst als die des Zweiflers, des radikalen Skeptikers bezeichnet.

st 550 E. M. Cioran, Die verfehlte Schöpfung
Übersetzt von François Bondy. Das Kapitel
»Die neuen Götter« wurde von Elmar Tophoven übersetzt
136 Seiten
Die verfehlte Schöpfung ist eine rasant vorgetragene Attacke auf alle theologisch oder geschichtsphilosophisch verbürgten Sicherheiten, auf die Existenz eines übergreifenden »Sinns«, auf die Idee der Erlösung.
»Eine neue Art des Philosophierens: persönlich (sogar autobiographisch), aphoristisch, lyrisch, anti-systematisch. Die bedeutendsten Beispiele: Kierkegaard, Nietzsche und Wittgenstein – Cioran ist heute die hervorragendste Figur dieser Tradition des Schreibens.« *Susan Sontag*

st 553 Basis. Jahrbuch für deutsche Gegenwartsliteratur
Band 9
Herausgegeben von Reinhold Grimm und Jost Hermand
272 Seiten
Mit Beiträgen von Norbert Mecklenburg, Manfred Durzak, Jost Hermand, Adolf Muschg, Bernd Neumann, Mazzino Montinari u. a. Ohne methodisch festgelegt zu sein, sucht *Basis* eine Literaturbetrachtung zu fördern, die an der materialistischen Grundlage orientiert ist.

st 557 Walter Schäfer, Erziehung im Ernstfall
Die Odenwaldschule 1946–1972
Mit einem Nachwort von Hellmut Becker
264 Seiten
Am Beispiel der privaten Heimschule *Odenwaldschule* soll gezeigt werden, wo in unserer Gesellschaft während der ersten Nachkriegsjahrzehnte Behinderungen beim Heranwachsen junger Menschen sichtbar wurden und wie man versucht hat, diese Behinderungen nachhaltig abzubauen.

st 558 Erica Pedretti
Harmloses, bitte
80 Seiten
An den Bildern, die Erica Pedretti in anschaulicher Deutlichkeit entwirft, läßt sich der Übergang von der Deskription einer idyllischen Landschaft, des heilen Lebens zur angedeuteten Tragödie erkennen. Dieses Modell ist in einer gegenständlichen Sprache erzählt, die modernste

Erzähltechniken ebenso wie den einfachen Satz aufnimmt. So erweist sich der Text als spiegelndes Glatteis, auf dem der, der Harmloses erwartet, zu Fall kommt.

st 559 Ralf Dahrendorf
Lebenschancen
Anläufe zur sozialen und politischen Theorie
238 Seiten
Dieser Band ist ein Versuch, den Begriff der Lebenschancen als Schlüsselbegriff zum Verständnis sozialer Prozesse zu etablieren und in den Zusammenhang geschichtsphilosophischer Erwägungen zur Frage des Fortschritts, sozialwissenschaftlicher Analysen des Endes der Modernität und politisch-theoretischer Überlegungen zum Liberalismus zu stellen.

st 568 Bernard von Brentano
Berliner Novellen
Mit Illustrationen nach Linolschnitten von Clément Moreau
96 Seiten
In dieser 1934 erstmals erschienenen Sammlung erzählt der Autor die Geschichte des sechsjährigen Rudi, eines angeblichen Attentäters, er erzählt die Geschichte eines außerordentlichen Mädchens (»Von der Armut der reichen Leute«), eines Straßenmusikanten (»Der Mann ohne Ausweis«). Er sieht Zusammenhänge dort, wo Zeitungen Berichte bieten. Arbeiter, Arbeiterinnen, Bettler treten auf, aber auch das Berlin der Bankhäuser und des Geldes. Klaus Michael Grüber entdeckte die Novelle »Rudi« für eine Inszenierung durch die *Schaubühne am Halleschen Ufer* im Berliner *Hotel Esplanade.*

st 595 Ödön von Horváth, Geschichten aus dem Wiener Wald
Ein Film von Maximilian Schell
Mit zahlreichen Abbildungen
160 Seiten
Zur Uraufführung des Maximilian Schell-Films »Geschichten aus dem Wiener Wald« nach dem Volksstück von Ödön von Horváth liegt dieser Band mit dem Drehbuch von Christopher Hampton und Maximilian Schell und zahlreichen Fotos des 1978 in Wien und Umgebung entstandenen Films vor, der den Entstehungsprozeß des Films dokumentiert.

Alphabetisches Gesamtverzeichnis der suhrkamp taschenbücher